Goldene Regeln
des Herzens

Khalil Gibran

GOLDENE REGELN DES HERZENS

Herausgegeben von
Christian Leven

HERDER

FREIBURG · BASEL · WIEN

© Verlag Herder GmbH, Freiburg im Breisgau 2012
Alle Rechte vorbehalten
www.herder.de

Gesamtgestaltung und Satz: Tina Lechner Grafik & Buchdesign, Stuttgart
Herstellung: fgb · freiburger graphische betriebe
www.fgb.de

Gedruckt auf umweltfreundlichem, chlorfrei gebleichtem Papier
Printed in Germany

ISBN 978-3-451-30631-0

Inhalt

Für die Geistes- und Kulturgeschichte der westlichen Welt waren die Jahre des zu Ende gehenden 19. Jahrhunderts und das erste Viertel des 20. Jahrhunderts eine spannende Zeit. Vor allem der britische und französische Kolonialismus hatte westliche Ideen und Schulsysteme in den Orient, nach Indien und weiter hinein nach Asien getragen, doch besonders im genannten Zeitraum kam auch die westliche Öffentlichkeit vermehrt mit dem Geistesreichtum der orientalischen und indisch-asiatischen Welt in Berührung.

In Indiens östlicher Provinz Bengalen hat der hinduistische Mönch und Mystiker Ramakrishna (1836–1886) gelehrt. Er beschrieb die Religionen als verschiedene Zugänge zum göttlichen Urquell. Jede Religion in der Welt gleicht den Treppenstufen an den unterschiedlichen Seiten des Seeufers, die zum heiligen Wasser führen. Niemand könne deshalb ernsthaft behaupten, dass seine Religion besser sei als eine andere.

Um die Mitte des 19. Jahrhunderts entwickelte sich in Persien/Iran die Universalreligion der Bahá'í. Sie lehrt ein transzendentes Gottesbild, die mystische Einheit der Religionen und die Einheit der Menschheit in ihrer Vielgestaltigkeit.

Swami Vivekananda, der bedeutendste Schüler Ramakrishnas, sprach 1893 vor dem Weltparlament der

Religionen in Chicago. In seiner viel gefeierten letzten Rede beschwor er die Einheit der Religionen und rief zur gegenseitigen Durchdringung und nicht Zerstörung, zu Hilfe und nicht Kampf, zu Harmonie und Frieden und nicht Widerspruch auf. Seine Reden fanden so großen Anklang, dass er in New York die »Vedanta Society« gründete.

Auch Rabindranath Tagore (1861–1941) wurde in Bengalen geboren. Der Kultur- und Sozialreformer, Dichter, Philosoph, Maler, Komponist und Musiker setzte sich für eine Synthese der positiven Elemente des östlichen und des westlichen Denkens ein. Im Jahre 1912 hielt er Vorträge in England und in den USA. 1913 wurde ihm vor allem für seine Dichtung »Gitanjali« der Nobelpreis für Literatur verliehen. Zwischen den Jahren 1915 und 1921 erschienen 20 seiner Bücher in englischer Sprache und zahlreiche auch auf Deutsch.

In England gab Edward Fitzgerald 1859 seine Nachdichtung der Verse Omar Chajjáms auf der Grundlage einer Handschrift von 1461 heraus. Die Vierzeiler (Ruba'ijat) hatte der persische Dichter und Astronom geschrieben, der um das Jahr 1048 in Nischapur geboren wurde und der 1131 in Tus verstarb. Der deutsche Orientalist Friedrich Rosen veröffentlichte seine Übersetzung der »Sinnsprüche Omars des Zeltmachers« aus alten persischen Quellen ins Deutsche im Jahr 1909. Im Vorwort seiner Übersetzung bemerkte Rosen zu der Nachdichtung Fitzgeralds, dass diese in der ganzen englischsprachigen Welt verbreitet und geschätzt sei und neben der

Bibel und Shakespeare das wohl meistzitierte Buch der ganzen englischen Literatur sei.

Als 1923 in New York das Buch »Der Prophet« erscheint, war das Publikum sehr aufgeschlossen und aufnahmebereit für den spirituellen Reichtum des Nahen Ostens. Man wurde aufmerksam auf den Dichter und Denker und den Maler Khalil Gibran. Der war 1895 als Zwölfjähriger in die USA gekommen. Um der Armut und Unterdrückung im Libanon zu entfliehen, war seine Mutter zusammen mit Khalil, seinem Halbbruder Brutos und den beiden Schwestern nach Boston emigriert, denn dort lebten im Viertel der syrischen Einwanderer bereits Familienangehörige.

In jener Zeit stand der Libanon unter osmanischer Herrschaft. Die Oberklasse aus Feudalherren und Klerikern beutete die Landbevölkerung aus, die Christen waren ins unwegsame nördliche Libanongebirge geflohen. Dort, in der höchstgelegenen Ortschaft Becharré, wurde am 6. Januar 1883 Khalil in seine Familie maronitischen Glaubens geboren. Die Maroniten sind syrisch-aramäische Christen, die mit Rom uniert sind. Seine Mutter Kamileh war die Tochter des Ortspriesters Istiphan Rameh. Sie erkannte früh die Talente ihres Sohnes und förderte ihn nach Kräften. In Boston besuchte er als einziges ihrer Kinder die Schule, während alle anderen Familienmitglieder sich um den Erwerb des Lebensunterhaltes bemühten.

Seine Zeichenlehrerin bemerkte sein besonderes Talent. Über ihre Vermittlung kam ein Kontakt mit dem namhaften Publizisten, Künstler und Fotografen Fred Holland Day zustande. Der führte Khalil in den Kreis der Künstler ein, organisierte Ausstellungen für ihn und fotografierte ihn natürlich auch. Während einer dieser Ausstellungen lehrte Khalil seine mütterliche Freundin und Förderin Mary Haskell kennen.

1898 kehrte Khalil in den Libanon zurück, um dort vier Jahre lang die Sprache und Kultur seiner Heimat an der Hikmat-Schule zu studieren. Hier machte er sich mit den Schriften des Orients vertraut. Er studierte die Werke der arabischen Philosophen, die heiligen Bücher der christlichen und islamischen Theologie. Aber auch in die indischen Vedas, die Werke Voltaires, Rousseaus und Nietzsches vertiefte er sich. Und es ist gut vorstellbar, dass ihn die Schriften Vivekanandas und der Bahá'í interessierten. 1902 kehrte er nach Boston zurück. Aber noch bevor er wieder mit seiner Familie vereint war, starb seine kleine Schwester Sultanah, die erst 14 Jahre alt war, an Tuberkulose. Ihr Tod schmerzte ihn sehr. Und noch hatte er diese Trauer nicht durchlitten, da starb im März 1903 sein Halbbruder Brutos und wenige Monate später auch seine Mutter an Tuberklose. Er litt unter den Verlusten, besonders unter dem Tod der Mutter. Seinen Schmerz suchte er zu verwandeln, indem er Jahre später sein Buch »Gebrochene Flügel« schrieb.

Weil er von irgendetwas leben musste, stellte er 1904

mit geliehenem Geld seine Bilder aus in der Hoffnung, einige Werke verkaufen zu können. Doch die Sammlung wurde in einem Brand vernichtet.

In dieser schweren Lebenskrise stand ihm Mary Haskell zur Seite, die Leiterin einer Mädchenschule war. Sie kaufte seine Bilder und finanzierte ihm ab 1908 ein zweijähriges Kunst- und Literaturstudium in Paris. In diesen Jahren prägte sich sein Künstlersein noch stärker aus, er spürte aber auch, dass seine Malerei zugunsten des Schreibens immer deutlicher zurücktrat. Er unternahm Reisen in Frankreich, nach Spanien, Italien und Griechenland. 1910 kehrte er nach Amerika zurück und zog im Jahr darauf nach New York. Hier in seinem Studio, das er »Eremitage« nannte und bei dessen Finanzierung der Miete ihn Mary Haskell unterstützte, entstanden seine wichtigsten Werke. Mary Haskell bestärkte ihn darin, neben seinen Artikeln für mehrere arabischsprachige Zeitschriften auch auf Englisch zu schreiben, und sie übernahm das Korrigieren.

In New York war er aufgrund seiner Artikel unter den emigrierten arabischsprachigen Intellektuellen kein Unbekannter mehr. Sie kamen auch in der »Eremitage« zusammen und diskutierten die politische Lage in der alten Heimat. In seinen arabischsprachigen Werken rief Khalil Gibran die Menschen im Libanon zum Widerstand auf und ermutigte sie, sich gegen den Feudalismus der osmanischen (türkischen) Unterdrücker zu erheben und gegen die Degeneration einer Kirche, die sich der herrschenden Klasse angedient hatte und gemeinsam mit ihr die Bevölkerung ausbeutete und in traditionellen, moralischen und wirtschaftlichen Ketten gefangen hielt, zu rebellieren. Besonders in den frühen Erzählungen seines literarischen Schaffens, die in »Abgründe des Herzens« versammelt sind, entwarf er das Bild einer neuen Gesellschaftsordnung, »in der jeder sein eigener Herr und sein eigener Priester ist«. Besonders in seinen Werken »Rebellische Geister« und »Nymphen der Täler« rief er die libanesische Bevölkerung auf zum Widerstand gegen die Tyrannen, die sie knechten, gegen die Kleriker, die sie geistig und seelisch unterdrücken und sich bereichern, gegen die Traditionen, die Frauen unterwerfen und sie in die Anhängigkeit erzwungener Ehen zwingen. Er forderte sie auf, endlich zu erwachen, sich aufzurichten, dass jeder selbstbewusst der Stimme seines Herzens in jeder Situation folge und jeder nach seinem größeren Ich strebe. Mögen seine Weckrufe auch bei den Studenten und Intellektuellen seiner Heimat auf fruchtbaren Boden gefallen sein, die Obrigkeit wurde dermaßen wütend, dass sie sein Werk »Rebellische Geister« in Beirut öffentlich verbrennen ließ.

Die Schriften der libanesischen und Arabisch sprechenden Exilanten drangen mit ihren Übersetzungen und Interpretationen der Werke europäischer Philosophen, den geistigen Vermächtnissen der Aufklärung und der Französischen Revolution, liberaleren und auch protestantischen Moralvorstellungen und mit demokratischen

Gesellschaftsentwürfen in die hermetische Literatur des seit Jahrhunderten erstarrten Orients ein. Hier hatte man sich immer noch an die unumstößlichen Regeln der altarabischen Dichtung und Reimprosa zu halten. Zudem wurde jedes Schriftstück zensiert. Aber nun kamen aus Übersee Schriften in die arabischen Länder, die in vollkommen reimloser Sprache, schnörkellos und für jeden verständlich Ideen von persönlicher Freiheit und Würde verbreiteten und sogar zum Widerstand aufriefen. Alles das war in Form und Inhalt neu für die arabische Literatur und begründete dadurch auch ihre Renaissance. Khalil Gibran wiederum rief 1920 in New York die Arabische Literarische Gesellschaft Arabitah ins Leben.

Es wäre aber das Wirken Khalil Gibrans nur einseitig betrachtet, würde man nicht auch sehen wollen, dass ihm einerseits das Schicksal der Menschen in seiner Heimat sehr nahe ging und er sie aufrütteln und ermutigen wollte, das Leben der Menschen in Amerika ihn aber andererseits nicht weniger beschäftigte. Er kritisierte das Konkurrenzdenken und den Leistungsdruck, die Konsum- und Profitgier und lehnte sich nicht weniger gegen das soziale Elend auf. Die sinnstiftenden Lehren des Orients, die Philosophie der Aufklärung und den inneren Kern der Religionen wollte er in seinem Denken und Schreiben zu einem neuen Bild vom Menschsein vereinen. Der Mensch ist für ihn der Träger des Göttlichen. Die Seele des Menschen ist göttlich und unsterblich.

Vor allem durch seine englischsprachigen Bücher war Gibran bestrebt, den westlichen Menschen die spirituelle Weisheit des Orients zu vermitteln. Seine Büchern »Der Vorläufer«, »Jesus Menschensohn«, »Die Götter der Erde« wollten den im Weltlichen und Materiellen gefesselten Menschen zum spirituellen Erwachen ermutigen. Besonders »Der Prophet«, der 1923 erschien und seinem Autor zu allgemeiner Berühmtheit verhalf, vermittelt eine Anmutung arabischer Poesie. Mit diesem Werk baute Gibran Brücken zwischen den Kulturen und Religionen, zwischen Orient und Okzident, zwischen Gläubigen und Ungläubigen. Menschsein ist für ihn die Einheit in der Vielfalt. Fast wie in einer »Bergpredigt« lässt er seinen Propheten die Freiheit des Menschen, die Schönheit des Lebens und die Liebe Gottes verkünden. Die Religionen sind ihm »wie die Finger an einer Hand«. Er spricht hier wie seine indischen und persischen Vorläufer. Dem Menschen ist die Fülle der Erde gegeben, die der Mensch nur noch ausbeutet und ihre von Gott gegebene Schönheit nicht mehr sieht. Der »Prophet« soll dem Menschen das Wissen um seine innere, göttliche Natur wiedergeben, die ihn befähigt, nach seinem größeren Ich zu streben. Dann kann er sich von seinem sinnlich-materiellen Sein zum geistigen Sein verwandeln und endlich sein spirituelles-transzendentes Sein erreichen.

Der Maler, Dichter und Mystiker Khalil Gibran konnte sich seinen Traum, in seine Heimat zurückzukehren, nicht verwirklichen. Er wollte dort in der Stille des kleinen Bergklosters Mar Sarkis leben, nahe seinem Heimatort Becharré. Er starb nach einem langen, schweren Krebsleiden am 10. April 1931 in New York. Sein Leichnam wurde in den Libanon überführt und seinem testamentarischen Wunsch gemäß in Mar Sarkis bestattet.

Seiner einfachen, doch eindringlichen Sprache wegen vernehmen die Menschen seit 1923 die Worte des »Propheten« in vielen Sprachen auf der ganzen Welt. Auch im 21. Jahrhundert werden seine Weisungen in Hochzeits- und Geburtsanzeigen zitiert. Seine Stimme erinnert die Menschen daran, dass sie mehr sind als sind, dass sie über ihren Alltag hinauswachsen können und eine Seele voller Sehnsucht haben. Und dass diese Sehnsucht sie liebenswert macht. Sie erinnert uns an die Werte von Ich und Du, von Leben und Gott, von Liebe, Schönheit und Natur. Alle diese »Erinnerungen« und Inspirationen sind in diesem Buch versammelt. Sie mögen dem Suchenden zur rechten Zeit helfen zu entscheiden, was für ihn in seinem Leben von Bedeutung ist – und ihm die Kraft geben, danach zu handeln. Denn »Eure Herzen kennen in der Stille die Geheimnisse eurer Tage und Nächte. Aber eure Ohren dürsten nach dem Klang des Wissens in euren Herzen.«

Christian Leven

I

Sprich zu uns vom

MENSCHSEIN

Die Menschheit ist ein Strom aus Licht, der von den Bergen der Schöpfung zum Ozean der Ewigkeit fließt. Sammlung

Die Mühsal

Das Leben trägt uns von einem Ort zum anderen, und das Schicksal zieht uns von hier nach dort. Doch wir, gefangen zwischen diesen beiden, vernehmen schreckliche Stimmen und sehen nur das, was uns als Hindernis und Hürde den Weg verstellt. *Stimme*

Ein Volk

Weile ich in einem Land, so komme ich mir als Fremdling vor, lebe ich in einem Volk als einer, der nicht ganz dazugehört. Die ganze Erde aber ist mein Heimatland, die Menschheit insgesamt empfinde ich als meinen Stamm. Doch schwach ist der Mensch, gespalten in sich selbst. Darum wird es so eng auf dieser Erde: In seiner Torheit teilt der Mensch sie auf in zahllose Reiche und in viele Herrschaftszonen. *Träne*

Entwicklung ist möglich

Solange man nur das verbessert, was bereits getan wurde, wird es keinen Fortschritt geben, sondern nur dann, wenn man danach strebt, was noch nicht getan wurde. *Worte*

Die Narren Gottes

Nur ein Idiot und ein Genie brechen die von Menschen geschaffenen Gesetze; sie sind dem Herzen Gottes am nächsten. *Sand*

Ursache und Wirkung

Im hellen Licht betrachtet sind Gerechtigkeit und Ungerechtigkeit, das Gute und das Böse, wie die weißen und die schwarzen Fäden desselben Stoffes. Und wenn ein schwarzer Faden zerrissen ist, prüft der Weber den ganzen Stoff und untersucht auch den Webstuhl genau. *Sammlung*

Wie man sich bettet

Wie kann ich den Glauben an die Gerechtigkeit im Leben verlieren, wenn die Träume derer, die auf Federn schlafen, nicht schöner sind als die Träume derer, die auf der Erde schlafen? *Sand*

Die Schattengänger

Was kann ich über Gesetzesbrecher sagen, als dass sie auch im Sonnenlicht stehen, aber mit dem Rücken zur Sonne? Sie sehen nur ihre Schatten und ihre Schatten sind ihre Gesetze. *Prophet*

Die Qual

Ist das Böse nicht das Gute, das von seinem Durst und seinem Hunger gequält wird? *Sammlung*

Der Zuschauer

Wer weder ein Feind des Bösen noch ein Verteidiger des Guten ist, wird weder verstehen, das, was ihn belastet, niederzuschlagen, noch wird er in der Lage sein, seine Güter zu bewahren. Er schaut nur zu, wie sein Leben am Ufer der Gezeiten abrollt, einer Muschel gleich, die ein Stein zu sein scheint und doch einen weichen Kern hat, die weder das Ende der Ebbe noch den Anfang der Flut kennt. *Sammlung*

Ohne Vorbehalt

Der wahrhaft Gute ist der, der zu all denen hält, die für schlecht gehalten werden. *Sand*

Mehr Schein als Sein

Eine Überzeugung zu haben ist eine gute Sache, doch seine Ansichten auch zu verwirklichen – dazu gehört Kraft. Es gibt viele, die sprechen wie die brüllende See, aber ihr Leben ist seicht und abgestanden wie das Wasser eines Sumpfes. Und es gibt nicht wenige, die ihr Haupt über die Gipfel der Berge erheben, während ihr Geist untätig in der Dunkelheit der Höhlen verharrt. *Flöte*

Lehre dich selbst

Wenn jemand beabsichtigt, ein Lehrer für die Menschheit zu werden, so sollte er bei sich selbst beginnen. Er sollte zuerst durch sein Beispiel lehren und dann erst durch sein Wort. Denn wer sich selbst erzieht und sich selbst zum Besseren verändert, verdient unsere Hochachtung und unseren Respekt mehr als jemand, der andere belehrt und zum Besseren bekehren will. *Ideen*

Wer seine Moral als bestes Gewand besitzt, ginge lieber nackt. Prophet

Zwei Sandkörnchen

Eure Weltanschauung strebt nach Ruhm und läuft dem Ansehen hinterher. Die meine legt Ruhm und Ansehen nieder wie zwei Sandkörner auf das Ufer der Ewigkeit.

Sammlung

Gleicher unter Gleichen

Meine Seele mahnte und lehrte mich und bestätigte mir, dass ich nicht höher gestellt bin als die Bettler und nicht weniger wert bin als die Großen und Mächtigen der Erde.

Doch jetzt habe ich erfahren, dass ich ein Einzelwesen bin und zugleich der Baustein, aus dem die ganze Menschheit geschaffen ist. Mein Wesen ist ihr Wesen, meine Gesinnung ihre Gesinnung und meine Bestimmung ihre Bestimmung. Wenn die Menschen Fehler begehen, bin ich mitschuldig; wenn sie Gutes tun, bin auch ich stolz darauf; wenn sie sich erheben, erhebe ich mich mit ihnen; und wenn sie sich zurückziehen, ziehe auch ich mich zurück. *Erde*

Ihr gebt nur wenig, wenn ihr von euren Besitztümern gebt. Erst wenn ihr von euch selbst gebt, gebt ihr wirklich. *Prophet*

Das Leben spendet allen

Eure Weltanschauung unterscheidet zwischen den Reichen und den Armen, denen, die geben sollten, und denen, die empfangen. Meine Weltsicht aber sagt: »Wir sind alle arm, und es gibt keinen Reichtum außer das Leben selbst. Wir sind alle Empfänger, und niemand gibt, außer das Leben.« *Sammlung*

Sei redlich

Sei nicht vom Mitleid erfüllt, aber sei gerecht. Mitleid gewährt man dem schuldigen Verbrecher, während ein unschuldiger Mann nur nach Gerechtigkeit verlangt. *Ideen*

Gefüllt – nicht erfüllt

Ich denke an den Reichen, der auf den Stufen des Tempels saß und den Vorübergehenden mit vollen Händen Juwelen und Kostbarkeiten anbot. »Habt Mitleid mit mir!«, flehte er sie an. »Nehmt meine Schätze, denn sie haben meine Seele entstellt und mein Herz verhärtet. Nehmt, bitte nehmt das alles und tröstet mich, damit mein Herz und meine Seele wieder heil werden.«
Aber die Vorübergehenden beachteten ihn nicht, hörten seine Klagen nicht und interessierten sich nicht für seine Kostbarkeiten.
Wäre es nicht besser gewesen, dass er ein Bettler sei, der seine Hand aufhält, um zu empfangen; eine alte, zitternde Hand, die er eher leer an sein Herz hält als gefüllt mit Kleinodien, die niemand haben will. *Sammlung*

Die Distanz aufheben

Zwischen eurer Rechten, die gibt, und eurer Linken, die empfängt, liegt ein großer Abstand. Nur wenn ihr sie beide geben und empfangen lasst, hebt ihr den Abstand auf; denn es ist nur eine Angelegenheit des Bewusstseins, dass ihr nichts zu geben und zu nehmen braucht, um den Abstand zu überwinden. Wahrlich, die größte Entfernung liegt zwischen eurem Träumen und eurem Wachsein; und zwischen dem, was eine Tat ist und was ein Wunsch. *Garten*

Selbstverliebt

Wahrlich, die Freundlichkeit, die sich selbst im Spiegel betrachtet, wird zu Stein, und eine gute Tat, die sich selbst Kosenamen gibt, wird zum Vater oder zur Mutter eines Fluchs. *Prophet*

> *Erst wenn der Verstand König und das Herz Priester ist, wird diese Welt gesunden.* Sammlung

Wie kleinmütig

Während das Tor des göttlichen Herzens weit offen steht, klammern wir uns an die Erde. Während der Hunger an unseren Herzen nagt, verachten wir das Brot des Lebens. Wir gut doch das Leben zum Menschen ist; doch wie weit ist der Mensch vom Leben entfernt! *Stimme*

Unsere Sehnsucht

Auch wenn sie das nicht recht begreifen: Tief in ihren Herzen hungern und dürsten alle Völker nach jener höchsten Lehre, die alle anderen Lehren dieser Erde übersteigt. Sie sehnen sich nach jener Geistesfreiheit, die sie fähig machte, mit ihrem Nachbarn unbefangen das Licht der Sonne zu genießen und über alle Wunder, die das Leben bietet, froh zu staunen. Diese kostbare Freiheit ist es nämlich, die den Menschen nahe hin zum Unsichtbaren führt. *Stimme*

Ins Helle

Glaubt ihr, dass die ewigen Gesetze, die euch das Licht des Lebens lieben lassen, euch einen Tyrannen senden, der euch die Finsternis des Todes dem Leben bevorzugen lässt? *Geister*

Ein hohes Gut

Der wahre Reichtum einer Nation liegt nicht in ihrem Gold und Geld, sondern in ihrer Fähigkeit, sich zu bilden, und in dem Grad der Integrität ihrer Kinder.

Sammlung

Wir alle sind Vorfahren

Immer waren und werden wir unsere eigenen Vorläufer sein. Und alles, was wir aufgesammelt haben und noch aufsammeln werden, sind nur die Samen für Felder, die noch nicht bestellt wurden. *Vorbote*

Licht der Erkenntnis

Was die Menschen ihr Wissen nennen, gleicht dem Nebel über den Feldern. Wenn die Sonne über dem Horizont heraufsteigt, wird der Nebel in ihren Strahlen vergehen.

Ideen

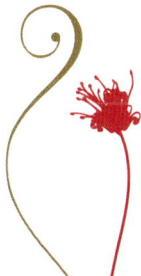

II

Sprich zu uns von der
SEELE

Meine Liebe
Die Geliebte meines Herzens heißt Leben. *Sammlung*

Einssein
Das Bild der Sonne in einem Tautropfen ist nicht weniger als die Sonne selbst. Das Abbild des Lebens in eurer Seele ist nicht weniger wert als das Leben selbst. Ein Tropfen des Taues spiegelt das Licht wider, denn es ist eins mit dem Licht, und ihr seid ein Ebenbild des Lebens, denn ihr und das Leben seid eins. *Garten*

Überall
Sagt nicht, ich habe den Weg der Seele gefunden. Sagt eher, ich habe auf meinem Weg die Seele gefunden. Denn die Seele kommt über alle Wege. Sie geht nicht an einem Faden entlang noch wächst sie wie ein Schilfrohr. Aber sie blüht wie eine Lotusblüte mit unzähligen Blütenblättern auf. *Sammlung*

Pfadfinder
Zwischen eurem Wissen und eurem Verstehen gibt es einen geheimen Pfad, den ihr entdecken müsst, bevor ihr eins werdet mit den Menschen und eins mit euch selber. *Rückkehr*

Mehr, als wir sind

All unsere Wahrnehmungen, alles, was wir taten und
was wir heute sind, wohnte einst in diesen wissenden,
schweigenden Tiefen, in diesem Schatzzimmer unserer
Seele. Wir sind mehr, als wir denken. Wir sind mehr,
als wir wissen. Und das, was mehr ist, als wir denken
und wissen, ist ständig auf der Suche nach mehr Sein,
während wir nichts tun oder vielmehr denken, dass
wir nichts tun. *Mary*

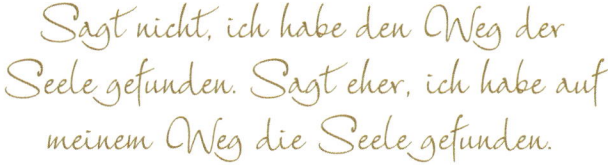

*Sagt nicht, ich habe den Weg der
Seele gefunden. Sagt eher, ich habe auf
meinem Weg die Seele gefunden.*

Tiefes Glühen

Was ist ein Erwachen in den Tiefen der Seele? Wer es
kennengelernt hat, vermag es nicht in Worte zu kleiden;
und wer es nicht kennt, wird seine Geheimnisse nie
erahnen. *Stürme*

Wem es gegeben ist

Nicht alle unter uns können mit ihren inneren Augen
die Tiefe des Lebens wahrnehmen, und es ist grausam,
zu fordern, dass kurzsichtige Menschen das Verschwom-
mene in der Ferne erkennen sollen. *Sammlung*

Wer bin ich?

Ich bin mir selber fremd, und wenn ich meine Zunge sprechen höre, wundern sich meine Ohren über meine Stimme; ich sehe mein inneres Selbst, wie es lächelt und weint, tapfer ist und zugleich angsterfüllt. *Sammlung*

Meine Lehrerin

Meine Seele mahnte und lehrte mich, den Stimmen zu lauschen, die weder von den Lippen noch von der Kehle erzeugt werden. Bevor meine Seele mich dies lehrte, waren meine Ohren stumpf. Sie hörten nur auf Lärm und Geschrei. Doch jetzt beginne ich, in die Stille zu lauschen, ich höre ihre Chöre Kantaten singen und Hymnen psalmodieren und die Geheimnisse der Ewigkeit offenbaren. *Erde*

Die Seele ist unser Zuhause, unsere Augen sind seine Fenster und unsere Lippen seine Boten. Sammlung

Zimmer frei

Die Seele des Philosophen wohnt in seinem Kopf, die Seele des Poeten wohnt in seinem Herzen, die Seele des Sängers wohnt in seiner Kehle, die Seele der Tänzerin jedoch nennt den gesamten Körper ihr Zuhause. *Wanderer*

Verengung

Falls die Tür zu deinem Herzen offen steht, achte darauf, dass der Durchlass nicht zu eng ist. Jener, der eine Gelegenheit erst wahrzunehmen versucht, wenn sie schon vorüber ist, handelt nicht anders als derjenige, welcher sie herannahen sieht, der Begegnung mit ihr jedoch ausweicht. *Stimme*

Solltest du dich in meinem Herzen verbergen, dann wäre es nicht schwer, dich zu finden.

Die Fenster öffnen

Und der, für den Anbetung ein Fenster ist, das er öffnen oder schließen kann, hat noch nicht das Haus der Seele besucht, dessen Fenster offen sind von Morgenröte zu Morgenröte. *Prophet*

Verborgen

Solltest du dich in meinem Herzen verbergen, dann wäre es nicht schwer, dich zu finden. Solltest du dich jedoch hinter deiner eigenen Schale verbergen, dann wäre es für jeden zwecklos, dich zu suchen. *Sand*

Leib und Seele

Du bist reich an Weisheit, meine Seele, und dieser Körper ist arm an Einsicht. Du aber erleichterst ihm nichts, und so folgt er dir nicht. Das ist das größte Elend, meine Seele! *Träne*

Freier Atem

Wäret ihr nur Körper, so wäre es nutzlos, vor euch zu stehen und zu euch zu sprechen – ebenso könnte ein Toter zu einem Toten reden. Doch so ist es nicht. Alles, was unsterblich in euch ist, ist frei bei Tag und bei Nacht, und es kann weder eingeschlossen noch gefesselt werden, denn dies ist der Wille des Höchsten. Ihr seid sein Atem, gleich dem Wind, den niemand einfangen noch einsperren kann. Und auch ich bin Atem von seinem Atem. *Rückkehr*

Ein Instrument

Euer Körper kennt sein Erbe und seine berechtigten Bedürfnisse und lässt sich nicht betrügen. Und euer Körper ist die Harfe eurer Seele, und es liegt an euch, ob ihr ihm süße Musik entlockt oder ein Durcheinander von Tönen. *Prophet*

Nichts ist ohne das andere

Ich bedaure denjenigen, der sein Leben in zwei Hälften teilt und an die eine Hälfte glaubt, die andere aber zur selben Zeit anzweifelt. Traurig macht mich auch jener, der auf die sonnenbeschienenen Berge und Ebenen blickt, auf das Singen des Windes in den Bäumen hört und den Duft der Blumen einatmet, aber sagt: »Nein, was ich sehe und höre, wird vergehen, ebenso das, was ich weiß und fühle.« Solch eine Seele, welche die Freuden und Leiden um sich herum ehrfürchtig betrachtet und danach deren ewiges Sein ableugnet, muss sich auflösen wie Rauch im Wind, denn sie sucht die Finsternis und wendet der Wahrheit den Rücken zu. *Flöte*

Euer Körper ist die Harfe eurer Seele.

Wer singt?

Wie verblendet sind jene, die zweifellos das abstrakte Sein mit einigen ihrer Sinne erfassen, aber darauf bestehen, es so lange anzuzweifeln, bis es sich allen ihren Sinnen offenbart. Ist das, was das Herz glaubt, nicht genauso wahr wie das, was das Auge sieht? Und wie engstirnig ist derjenige, der das Lied der Amsel hört und beobachtet, wie sie über die Büsche fliegt, der aber trotzdem das, was er gesehen und gehört hat, anzweifelt, solange er den Vogel nicht mit den Händen ergriffen hat. Wäre nicht ein Teil seiner Sinne ausreichend?
Wie seltsam ist auch derjenige, der von einer herrlichen Wirklichkeit träumt und sich dann bemüht, ihr eine Form zu geben, was ihm aber nicht gelingt. Er zweifelt deshalb an seinem Traum, lästert die Wirklichkeit und misstraut der Schönheit! Wie blind ist jemand, der bei seinen Vorstellungen und Plänen alles Notwendige

bedenkt, aber nicht vollständig mit Messungen und Versuchen beweisen kann und dann meint, seine Überlegungen seien falsch. Hätte er aber gewissenhaft nachgedacht, wäre er zu der Überzeugung gelangt, dass seine Idee ebenso wirklich ist wie der Vogel am Himmel, aber eine Wirklichkeit darstellt, die nur noch keine Gestalt angenommen hat. Er hätte verstanden, dass diese Idee ein Teil des Wissens ist, das nicht mit Ziffern und Worten überprüft werden kann, da es zu ausgedehnt ist, um eingesperrt werden zu können, und zu gewaltig in seiner geistigen Anlage, um sich schon in die Wirklichkeit einzufügen. *Flöte*

Freude und Leiden in mir

Du, o Seele, freust dich auf das Ende, bevor es anbricht, doch dieser Körper leidet am Leben, während er lebt. *Träne*

Bitternis, Schönheit und Gnade

Am Leben zweifelt, wer darüber jammert, aber ich habe einen starken Glauben. Ich glaube an den Wert der Bitternis, die jedem Schluck innewohnt, den ich aus dem Becher des Lebens nehme. Ich glaube an die Schönheit der Trauer, die sich meines Herzens bemächtigt. Und letztlich glaube ich an die Gnade jener Finger aus Stahl, die meine Seele zerquetschen. *Stimme*

Hab Erbarmen, meine Seele

Hab Erbarmen, meine Seele! Du hast mich beladen mit einer Liebe, die ich nicht tragen kann.

Du und die Liebe – ihr seid eine vereinte Kraft, ich und die Materie hingegen – eine vereinte Schwäche.

Soll der Kampf zwischen Stärke und Schwäche in Ewigkeit andauern?

Hab Erbarmen, meine Seele! Du zeigtest mir das Glück aus weiter Entfernung.

Du und das Glück – ihr thront auf einem hohen Berg, ich und das Unglück aber – weilen in einem tiefen Tal.

Werden Höhe und Tiefe sich einmal begegnen?

Hab Erbarmen, meine Seele! Du hast mir die Schönheit offenbart und sie dann vor mir verborgen.

Du und die Schönheit – ihr seid im Licht, ich und die Unwissenheit dagegen – in tiefer Finsternis.

Können Licht und Finsternis sich miteinander vereinen?

Träne

Ein verirrtes Kind

Der Zweifel ist ein Schmerz, der zu einsam ist, als dass er es annehmen könnte, dass der Glaube sein Bruder ist.

Der Zweifel ist wie ein unglückliches und verirrtes Kind. Sogar dann, wenn seine Mutter, die es ja zur Welt brachte, es wieder findet und umarmt, selbst dann zieht es sich misstrauisch und ängstlich zurück.

Denn der Zweifel kennt die Wahrheit nicht, oder erst dann, wenn seine Wunden einmal verheilt sind. *Sammlung*

Mit sich im Reinen

Verfolgung vermag dem Gerechten nicht zu schaden; und auch Unterdrückung belangt ihn nicht, sofern er auf der Seite der Wahrheit steht. Sokrates lächelte, als er den Schierlingsbecher leerte, und Stephanus lächelte, als man ihn steinigte. Was aber wahrhaftig verwundet wird, ist unser Gewissen, das schmerzt, wenn wir es verraten. *Worte*

Auch

Ich bin die Flamme, und ich bin der trockene Busch; ein Teil von mir verzehrt den anderen. *Sand*

Das kleine Etwas

Jeder große Mensch, den ich kannte, hatte etwas Kleines in seiner Aufmachung; und es war das kleine Etwas, das Untätigkeit, Wahnsinn oder Selbstmord verhütete. *Sand*

Flügel

Gott hat deinem Geist Flügel verliehen, mit denen du aufsteigen kannst ins weite Firmament der Liebe und der Freiheit. Und du jammervolles Geschöpf stutzt diese Flügel mit eigener Hand und lässt zu, dass deine Seele wie ein Insekt am Boden dahinkriecht. *Ideen*

Wie soll mein Herz entsiegelt werden, ohne gebrochen worden zu sein? *Sand*

Beides sehen

Und derjenige, der die Engel und Teufel nicht gesehen hat in den Wundern und Widerwärtigkeiten des Lebens, dessen Herz bleibt ohne Erkenntnis und dessen Seele ohne Verständnis. *Flügel*

Wo Himmel und Hölle sind

Das Paradies besteht nicht in der Belohnung, vielmehr befindet es sich in den reinen Herzen.
Die Hölle besteht nicht aus Qualen, sondern sie ist in den leeren Herzen. *Erde*

Helfer und Schöpfer

Meine Seele ist mein Freund, der mich in der Not und Pein des Lebens tröstet. Wer seiner Seele nicht hilft, ist ein Feind der Menschlichkeit, und wer menschliche Führung nicht in sich selbst findet, wird verzweifelt zugrunde gehen. Das Leben entsteht im Inneren und kommt nicht von außen. *Gedanken*

Vor- und Nachteil

Die Stärke, die das Herz vor Verletzungen bewahrt, hindert es auch daran, seine wahre Größe zu erreichen.
Der Gesang der Stimme ist süß, der Gesang des Herzens aber ist wie eine Stimme vom Himmel. *Abgründe*

Wo Gott wohnt

Der Mensch wird Tag für Tag Gott. Und zwischen seinen Freuden und seinen Schmerzen ruhen unser Schlaf und unsere Träume. *Sammlung*

Aufbruch

Wenn du dich nach Segnung sehnst, die du nicht beim Namen nennen kannst, und wenn du dich grämst und den Grund nicht kennst, dann wächst du wahrhaftig mit allen Dingen, die wachsen, und brichst zu deinem größeren Selbst auf. *Sand*

Wer ich bin

Meine Seele hat mir gepredigt und hat mir gezeigt, dass ich nicht mehr bin als ein Zwerg, aber auch nicht weniger als ein Riese. *Ideen*

Was immer die Seele auch fordert, der Geist wird es erreichen. Gedanken

Ahnungsvolle Träume

In der Tiefe eurer Hoffnungen und Wünsche liegt euer stilles Wissen von dem Jenseits, und wie Samen im Winter unterm Schnee träumen, so träumt euer Herz vom Frühling. Vertraut euren Träumen, in ihnen liegt die Pforte zur Ewigkeit. *Prophet*

Vertrauen ist eine Oase im Herzen,
die von der Karawane des Denkens
nie erreicht wird. *Sand*

Einander erkennen

Nur die mit Geheimnissen in ihren Herzen können die
Geheimnisse in unseren Herzen ahnen. *Sand*

Die Energie des Schweigens

Geschieht es nicht durch das Schweigen, dass die Aus-
strahlungen der Seele die andere Seele erreichen und
das Flüstern des Herzens einem anderen Herzen vermittelt wird? Ist es nicht das Schweigen, das uns von
uns selber befreit, uns im unbegrenzten Raum des
Geistes schweben lässt in eine höhere Welt, in der wir
ahnen, dass unsere Körper Gefängniszellen sind und
diese Welt für uns nur ein Exil ist? *Flügel*

Das Echo der Stille

In der Stille erkennen eure Herzen die Geheimnisse
eurer Tage und Nächte. Aber eure Ohren sehnen sich
danach, das Echo dieses Wissens in euren Herzen zu
hören. *Sammlung*

Innere Räume

Meine geliebten Gefährten, seid mutig und nicht sanftmütig; schafft Raum in euch und seid nicht beengt; und bis zu meiner und eurer letzten Stunde versucht, euer größeres Selbst zu sein. *Garten*

Durstlöscher

Trink deinen Becher allein – auch wenn er den Geschmack deines Blutes und deiner Tränen hat, und preise das Leben für die Gabe des Durstes! Denn ohne Durst ist dein Herz nichts anderes als das Ufer einer unfruchtbaren See – ohne Gezeiten und ohne Gesang. Trink deinen Becher allein, und trink ihn fröhlich! *Rückkehr*

Neuer Wein

Im Herbst, wenn ihr die Trauben lest von euren Stöcken und sie zur Kelter bringt, sprecht in eurem Herzen: »Auch ich bin ein Weinberg. Auch meine Frucht wird für die Kelter gesammelt. Und wie neuer Wein werde ich in ewigen Fässern gelagert.« *Prophet*

Meine Seele, das Leben gleicht dem Lauf der Nacht; je schneller sie vergeht, desto eher naht der Morgen. *Stimme*

Die zarte Kraft

Das, was schwach und verworren in euch zu sein scheint, ist das Stärkste und das Entschiedenste. Hat nicht euer Atem eure Knochen aufgerichtet und gehärtet? *Prophet*

Die Wahrheit erkennen

Gott hat dem Menschen die Kraft gegeben zu hoffen, inbrünstig zu hoffen, bis das Erhoffte den Schleier des Vergessens von seinen Augen nimmt und er sein wahres Selbst erblicken kann. Wer sein richtiges Selbst sieht, erblickt zugleich die Wahrheit des echten Lebens, sich selbst, die gesamte Menschheit und alle Dinge betreffend.
Ideen

Meine Seele

Als ich meine Seele fragte, was die Ewigkeit mit den Wünschen macht, die wir sammelten, da erwiderte sie: Ich bin die Ewigkeit! *Erde*

III

Sprich zu uns von der
SEHNSUCHT

Unendliche Weite

Euer Ich ist ein grenzenloses und unermessliches Meer.
Prophet

Jeder Same birgt eine Sehnsucht. *Sand*

Starkes Verlangen

Die Sehnsucht ist die innewohnende Kraft, die alle Dinge verändert. Sie ist das Gesetz aller Dinge und allen Lebens. *Mary*

Unstillbar

Die Sehnsucht ist mein Trinkbecher, ein brennender Durst ist mein Wein, und meine Einsamkeit ist mein Rausch. Mein Durst ist unstillbar. Und in dieser Qual eines nicht zu löschenden Durstes liegt eine Freude, die nicht vergeht. *Erde*

Gefangen

Was ihr Freiheit nennt, ist die stärkste aller Ketten, auch wenn ihre Glieder in der Sonne glitzern und eure Augen blenden. Sie ist nichts anderes als Stücke eures Ich, die ihr ablegen wollt, um frei zu werden. *Prophet*

Nicht weiter

Die Menschen haben ihrem göttlichen Geist ein begrenztes, weltliches Gesetz gegeben und ihre Körper und Seelen einer unbarmherzigen Norm unterworfen; ihre

Gefühle haben sie in ein enges, erschreckendes Gefängnis gesperrt und für ihre Herzen und ihren Geist ein finsteres Grab gegraben. *Geister*

Wer will der Lerche befehlen, nicht zu singen? *Prophet*

Ein endloses Gebrechen

Überall sah ich die Sklaverei lauern: Sie fielen vor ihr nieder und nannten sie das Gesetz; sie führten Kriege, töteten sich ihretwegen und nannten sie Patriotismus; sie unterwarfen sich ihrem Willen und nannten sie den Schatten Gottes auf Erden; ihretwillen verbrannten sie ihre Häuser, zerstörten ihre Monumente und nannten sie Gleichheit und Brüderlichkeit; schließlich strengten sie sich an, arbeiteten mühevoll und nannten sie Geld. Die Sklaverei hat viele Namen, aber eine einzige Wirklichkeit; viele Erscheinungsformen, aber ein einziges Wesen. Sie ist eine endlose Krankheit, die unter den verschiedenartigen Symptomen und mit unterschiedlichen Verletzungen auftritt. *Geister*

Kopf hoch

Wird der Mensch auch in Zukunft dabei verharren, den Staub der Erde anzustarren? Oder wird er – um den Schatten seines Körpers nicht inmitten von Dornen und Totenschädeln zu sehen – seine Augen zur Sonne erheben? *Geister*

Eine Sehnsucht wecken

Man hat mir gesagt: Wenn du einen schlafenden Sklaven findest, so wecke ihn nicht auf, er träumt vielleicht von der Freiheit. Ich aber gab zur Antwort: Wenn du einen schlafenden Sklaven siehst, so wecke ihn und erkläre ihm, was Freiheit ist. *Ideen*

Nackt und bloß

Ihr werdet frei sein, wenn eure Tage nicht ohne Sorge sind und eure Nächte nicht ohne Not und Leid. Wenn diese Dinge euer Leben umgeben und ihr euch trotzdem über sie erhebt, nackt und ungebunden, dann werdet ihr frei sein. *Prophet*

Ungebunden

Ihr könnt nur frei sein, wenn sogar das Verlangen nach Freiheit kein Zügel für euch ist, und wenn ihr aufhört, von der Freiheit als Ziel und Erfüllung zu reden. *Prophet*

Aufgehen im Größeren

Wenn der Schatten verschwindet, dann wird das zurückbleibende Licht zum Schatten für ein anderes Licht. So wird eure Freiheit, wenn sie ihre Fesseln verliert, selbst Fessel für eine größere Freiheit. *Prophet*

Das Leben ohne Freiheit ist wie ein Körper ohne Seele. *Sammlung*

Begrenzungen

Ein Mensch, dessen Herz eingeengt und dessen Gedankenwelt beschränkt ist, wird geneigt sein, im Leben denjenigen Dingen den Vorzug zu geben, die ebenfalls begrenzt sind. Denn wer ein schwaches Augenlicht hat, sieht nicht mehr als eine Elle des Weges, der vor ihm liegt, und von der Mauer, an die er sich lehnt, nimmt er nur einen Fußbreit wahr. *Ideen*

Das Wesentliche erkennen

Unsere Augen sehen nur den Dunst, hinter dem sich das Wesentliche verbirgt, das wir eigentlich wahrnehmen sollten; und unsere Ohren hören nur ein Rauschen, das alles übertönt, was wir eigentlich mit unserem Herzen verstehen sollten. *Erde*

Sich verwundern

Wenn ihr euch das Staunen erhalten könntet über die täglichen Wunder eures Lebens, so wäre euer Schmerz nicht weniger erstaunlich als eure Freude. Dann würdet ihr die vier Jahreszeiten eures Herzens so annehmen, wie ihr die Jahreszeiten annehmt, die über eure Felder ziehen. Ihr würdet mit Gelassenheit die Winter eurer Trauer beobachten. *Prophet*

Staunen

Wir würden vor dem Glühwürmchen ebenso ehrfürchtig stehen wie vor der Sonne, wenn wir nicht an unsere Vorstellungen von Gewicht und Maß gebunden wären.

Sand

Wenn die Milchstraße nicht in mir wäre, wie sollte ich sie gesehen oder wie gekannt haben? Sand

Überbrücken

Zwischen der Vorstellung und der Verwirklichung ist beim Menschen ein Abstand, der nur durch die Glut seiner Begeisterung überwunden werden kann. *Sammlung*

Zum Ziel

Tief im Inneren der Seele des Menschen gibt es eine Sehnsucht, die den Menschen vom Sichtbaren zum Unsichtbaren treibt: zur Philosophie und zum Göttlichen.

Ideen

Die Sehnsucht nicht aufgeben

Lieber möchte ich zu den geringsten Menschen gehören, mit Träumen und dem Verlangen, sie zu erfüllen, als der Größte zu sein, ohne Träume und ohne Verlangen.

Sand

Was bleibt

Mein Haus flehte mich an: »Verlasse mich nicht, denn hier wohnt deine Vergangenheit.«
Die Straße rief mir zu: »Komm, folge mir, ich bin deine Zukunft.«
Aber ich erwiderte ihnen: »Ich habe weder Vergangenheit noch Zukunft. Bleibe ich, ist ein Gehen in meinem Verweilen, und gehe ich, ist ein Verweilen in meinem Gehen. Nur die Liebe und der Tod können das ändern.«

Sammlung

In eurer Sehnsucht nach eurem größeren Ich liegt euer Gutsein. Und diese Sehnsucht steckt in euch allen. Prophet

IV

Sprich zu uns von der
SCHÖNHEIT

Der Gott der Götter nahm einen Teil von sich selber und schuf daraus die Schönheit. Sammlung

Im Leuchten

Ich wurde geboren, um im Glanz der Liebe und im Licht der Schönheit zu leben. Beide sind Gottes Ebenbilder.
Schatz

Wahre Schönheit

Die Schönheit ist ein Geheimnis, das unser Geist versteht, an dem er sich erquickt und unter dessen Eindruck er sich entfaltet. Unser Denken versucht zögernd und tastend, die Schönheit zu bestimmen und in Worte zu fassen, ohne es jedoch zu vermögen. Dem Auge verborgen, befindet sie sich in den Schwingungen, die zwischen dem Gefühl des Betrachtenden und dem des Betrachteten strömen. Die wahre Schönheit manifestiert sich in den Strahlen, die aus dem Allerheiligsten der Seele dringen; ihr Leuchten bricht aus dem Innersten hervor, ebenso wie sich das Leben aus dem tiefsten Kern in Blumen und Blüten ergießt, denen es Farbe und Duft verleiht. *Flügel*

Wegweisend

Wo wollt ihr nach Schönheit suchen und wie werdet ihr sie finden, wenn sie nicht selbst euer Weg und eure Begleiterin ist? *Prophet*

Unermesslicher Wert

Eine Stunde, die dem Streben nach Schönheit und Liebe gewidmet wird, ist mehr wert als ein Jahrhundert des Ruhmes, der den Starken von den verängstigten Schwachen verliehen wird. *Träne*

Allen verständlich

Die Schönheit verfügt über ihre eigene himmlische Sprache, erhabener als alles, was Zungen und Lippen zu äußern vermögen. Das ist eine zeitlose Sprache, allen Menschen gemeinsam, ein stiller See, der die murmelnden Bäche zu seiner Tiefe zieht und sie ehrfürchtig verstummen lässt. *Flügel*

Die Schönheit ist ein Geheimnis, das unser Geist versteht.

Im Anfang

Das Leben ist älter als alle lebendigen Dinge: Genauso wie die Schönheit beflügelt war, ehe das Schöne auf der Erde geboren wurde, und genauso wie die Wahrheit bereits Wahrheit war, ehe sie ausgesprochen wurde. *Garten*

Deutlich

Schönheit ist nicht das Bild, das ihr seht, noch das Lied, das ihr hört, sondern sie ist das Bild, das ihr seht, wenn ihr eure Augen schließt, und sie ist das Lied, das ihr hört, wenn ihr eure Ohren zumacht. *Prophet*

Aus dem Geist Gottes

Der Gott der Götter erschuf aus seinem Geist die Schönheit. Er verlieh ihr die Leichtigkeit des frischen Morgenwinds, den Duft der Blumen des Feldes und die Weiche des Mondlichts. Hierauf reichte Er ihr einen Becher der Freude und sprach: »Du darfst nur daraus trinken, wenn du die Vergangenheit vergisst und dich um die Zukunft nicht sorgst.« Und Er reichte ihr einen Becher der Trauer und sprach: »Daraus musst du trinken, um den Sinn der Freude am Leben zu lernen.« *Träne*

Im Sein ist Schönheit

Sein bedeutet: der Schönheit zu folgen, auch wenn sie euch an den Rand des Abgrunds führt und selbst wenn sie Flügel hat und ihr keine; ja, ihr sollt ihr sogar folgen, wenn sie über dem Abgrund schwebt, denn wo es keine Schönheit gibt, gibt es nichts. *Rückkehr*

Hunger der Seele

Lieber stürbe ich vor Verlangen, als im Überfluss zu
leben. Ich wünsche mir, dass meine Seele immerfort
nach Liebe und Schönheit hungert, denn ich sah, dass
die Satten die unglücklichsten Menschen sind, und die
Seufzer der Sehnsucht erschienen mir wohlklingender
als Glockengeläut. *Träne*

Die Quelle

Bringt eure Liebe zum Besitz in Einklang mit dem Eifer
für die Errungenschaften des Geistes. Glaubt an die
Göttlichkeit der Schönheit. Dann ist der Beginn eurer
Zustimmung zum Leben die Quelle eurer Liebe und
eures Glückes. *Träne*

*Das Schöne fesselt uns, aber das
Schönste befreit uns von uns selbst. Erde*

Verborgene Schönheit

Meine Seele ermahnte und lehrte mich, die verborgene
Schönheit in ihren Formen und Farben zu entdecken.
Sie lehrte mich, das, was die Menschen hässlich finden, so lange und so aufmerksam zu betrachten, bis es
mir seine Schönheit offenbart. *Erde*

Das wahre Gesicht

Eines Tages trafen sich die Schönheit und die Hässlichkeit am Meeresufer. »Lass uns im Meer baden!«, schlugen sie einander vor. Sie entkleideten sich und tauchten ins Wasser. Nach einer Weile kam die Hässlichkeit ans Ufer zurück, legte die Kleider der Schönheit an und so geschmückt schlich sie sich weg. Als die Schönheit des Badens müde war, stieg sie aus dem Wasser und suchte vergeblich nach ihren Kleidern. Da sie zu scheu war, um nackt zu bleiben, zog sie die Kleider der Hässlichkeit an. Seitdem verwechseln die Menschen die beiden. Dennoch erkennen manche das wahre Gesicht der Schönheit, trotz ihrer scheußlichen Kleider. Und es gibt andere, die die Hässlichkeit im Gewand der Schönheit entlarven. *Wanderer*

Zu offensichtlich

Bruder, suche nie das Wesen eines Menschen danach zu beurteilen, was in Erscheinung tritt. *Erde*

Die Schönheit liegt nicht in Antlitz und Gestalt. Die Schönheit ist ein Licht im Herzen. *Sammlung*

Ausstrahlung

Ein gesegneter Geist hüllt das Antlitz eines Menschen in Schönheit, und er bringt Wohlgefallen und Respekt hervor. In den Augen, im Gesicht und in allen Bewegungen des Körpers und allen Gesten offenbart sich der Geist eines jeden Wesens. Unsere Erscheinung, unsere Worte und Taten sind doch nie bedeutender als wir selbst. Denn die Seele ist unser Haus; unsere Augen sind seine Fenster und unsere Worte ihre Boten. *Stimme*

Nicht außen

Das Aussehen der Dinge verändert die Gefühle. Wir vermeinen, Schönheit und Wunder wahrzunehmen, während Schönheit und Wunder in Wirklichkeit in uns selbst sind. *Ideen*

Probat

Die Schönheit zeigt sich nicht in den Gesichtern, denn sie ist ein warmer Strahl für die Herzen.
Die Vollkommenheit besteht nicht in der Unbescholtenheit, vielleicht hat derjenige mehr Verdienste, der Fehler begeht. *Erde*

Schönheit scheint heller im Herzen dessen, der sich danach sehnt, als in den Augen dessen, der sie sieht. Sand

Direkt

Ich behaupte, dass die Kunst, das Ziehen einer Linie zwischen dem Schönen und Hässlichen, der direkte Weg zu Gott ist. *Ideen*

Rückschall

Die Musik ist das Echo des ersten Kusses, den Adam auf Evas Lippen drückte. Und seitdem tönt das Echo vor Vergnügen von den Fingern Spielenden und quillt zu den Ohren der Lauschenden. *Musik*

Göttliche Klänge

O Musik, du Göttliche! In Deine Brust legen wir unsere Herzen und unsere Seelen nieder. Du lehrst uns, mit unseren Ohren zu schauen und mit unseren Herzen zu lauschen. *Musik*

Tiefer schauen

Die Aufgabe der Kunst besteht darin, die Natur zu erfassen und das, was sie enthält, denen zu offenbaren, die nicht von sich aus darauf kommen. Sie soll die Seele eines Baumes ahnen lassen, statt ihn möglichst genau abzubilden. Sie soll das Bewusstsein dessen, was »Meer« ist, wecken, statt nur schäumende Wellen oder blaues Wasser darzustellen. Die Kunst ist berufen, aus dem Vertrautesten das Überraschendste zu locken. *Biographie*

Kunst ist ein Schritt von der Natur zur Unendlichkeit. Sand

Spiegel der Ewigkeit

Schönheit ist das Leben selbst, das sein heiliges Gesicht entschleiert. Ihr seid das Leben und der Schleier. Die Schönheit ist die Ewigkeit, die sich selbst im Spiegel anschaut. Aber ihr seid Ewigkeit und Spiegel. *Prophet*

Eine Passion

Eigentlich habt ihr nicht von der Schönheit gesprochen, sondern von euren eigenen ungestillten Nöten – und die Schönheit ist keine Not, sondern eine Verzückung.

Prophet

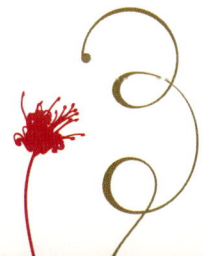

V

Sprich zu uns von
LIEBE UND GLÜCK

Erwachen

Sagt mir, ihr Menschen, ob es jemanden unter euch gibt,
der nicht aus dem Schlaf des Lebens erwacht, wenn die
Liebe seinen Geist mit Fingerspitzen berührt? *Stürme*

Entflammt

Ich hörte eine Stimme aus dem Innern des Tempels
dringen:
»Das Leben besteht aus zwei Hälften:
einer gefrorenen und einer entflammten;
die Liebe ist die entflammte Hälfte.«
Da trat ich in den Tempel, kniete nieder und flehte:
»Herr, mache mich zur Nahrung dieser Flamme!
Mache aus mir eine Speise für das heilige Feuer!
Amen!« *Stürme*

Wahre Freiheit

Die Liebe ist die einzige Freiheit, die es auf der Welt
gibt, denn sie erhebt den Geist zu solchen Höhen, dass
die Menschen und die Natur ihren Lauf nicht ändern
können. *Sammlung*

Herzrasen

Die Liebe ist ein fernes Lachen im Bewusstsein. Sie ist
ein wilder Angriff, der uns seine Aufforderung ins Ohr
ruft. Sie ist eine neue Morgendämmerung auf der Erde,
ein weder in euren noch in meinen Augen vollendeter
Tag, der doch schon in seinem größten Herzen vollen-
det ist. *Sammlung*

*Die Liebe ist die einzige Freiheit,
die es auf der Welt gibt.*

Nie versiegende Quelle

Wer unter euch fühlt nicht, dass die eigene Fähigkeit
zu lieben endlos ist? Und doch, wer fühlt nicht genau
diese Liebe, auch wenn sie endlos ist, in der Mitte des
eigenen Seins? *Prophet*

Unbesiegbares Glück

Es gibt keine Macht der Welt, die mir mein Glück rau-
ben könnte, denn es stammt aus der Harmonie zweier
Seelen, die das Einverständnis eint und die Liebe verbindet. *Geister*

Inneres Gebot

Wenn die Liebe ruft, so folge ihr, auch wenn ihre Wege
schwer und steil sind. Und wenn ihre Flügel dich um-
fassen, gib ihr nach, auch wenn das Schwert, in ihrem
Gefieder versteckt, dich verwunden kann. *Prophet*

*So wie die Liebe dich krönt,
so kann sie dich auch kreuzigen.* *Prophet*

Freude statt Vergnügungssucht

Einige eurer Jugendlichen suchen nach der Lust, als wäre sie alles, und sie werden gerichtet und ermahnt. Sie sollen weiter suchen. Sie werden Freude finden, aber nicht diese allein. Sie hat sieben Schwestern, und sogar die Geringste unter ihnen ist schöner als die Lust. *Prophet*

Ein Schemen

Lust ist ein Lied der Freiheit, aber sie ist nicht Freiheit. Sie ist ein Aufblühen eurer starken Wünsche, aber sie ist nicht ihre Frucht. *Prophet*

Wertauffassung

Eure Ideologie sieht in der Frau ihre Schönheit oder ihre Hässlichkeit, ihre Intelligenz oder ihre Unwissenheit, ihre Tugend oder das käufliche Fleisch.
Die meiner Wertschätzung erinnert daran, dass jede Frau die Schwester oder die Tochter eines Menschen ist und dass jeder Mensch eine Mutter hat. *Sammlung*

Traumfrauen

Jeder Mann liebt zwei Frauen: Die eine ist die Schöpfung seiner Fantasie, die andere ist noch nicht geboren.
Sammlung

Die begrenzte Liebe sucht den Besitz des anderen, doch die grenzenlose Liebe verlangt nichts anderes, als zu lieben.

Flügel

Begeisterung

Die Liebe triumphiert: Sie ist nicht ausschweifende Lust, nicht Begierde des Fleisches, kein Splitter des Verlangens, im Widerstreit mit dem Ich, auch kein Teil des Fleisches, das gegen den Geist zu Felde zieht.

Denn die Liebe lehnt sich nicht auf. Sie verlässt nur die ausgetretenen Pfade vergangener Geschicke. *Götter*

Worte versagen

Bevor ich die Liebe erkannte, besang ich sie in meinen Liedern; als ich sie kennengelernt hatte, lösten sich die Melodien in Luft auf, und die Worte verstummten. *Sammlung*

Göttlicher Funke

Wenn du besitzen willst, darfst du nicht beanspruchen. Wenn die Hand eines Mannes die Hand einer Frau berührt, berühren sie beide das Herz der Ewigkeit. *Sand*

Das Feine ist das Starke

Zärtlichkeit und Güte sind keine Zeichen von Schwäche und Verzweiflung, sondern Ausdruck von Stärke und Entschlossenheit. *Worte*

Jenseits des Gewöhnlichen

Kennst du die Liebe, die dein Sinnen abkehrt von der Welt des Messens und des Wägens? Jene Liebe, die zu flüstern anfängt, wenn das Alltagsgeschwätz verstummt? Jene Liebe, die wie ein blauer Leuchtturm den Weg weist und dich mit ihrem unsichtbaren Lichte sicher führt? *Tag*

Innere Bejahung

Wie töricht sind die Menschen, die glauben, dass die Liebe die Frucht eines langen Zusammenseins ist und aus ständiger Gemeinsamkeit hervorgeht. Die Liebe ist vielmehr eine Tochter des geistigen Einverständnisses, und wenn dieses Einverständnis nicht in einem einzigen Augenblick entsteht, so wird es weder in Jahren noch in Jahrhunderten entstehen. *Flügel*

Im Garten der Liebe

Wenn dir zum ersten Mal die Augen des Geliebten aufblitzen, ist es, als falle ein Same in dein Herz. Wenn du den ersten Kuss der Lippen der Geliebten spürst, ist es, als breche eine Blüte am Baum des Lebens auf. Und werden zwei Liebende ehelich eins, so ist das wie die erste Frucht der ersten Blüte dieses Samens. *Stimme*

Die Liebe genügt

Die Liebe gibt nichts als sich selbst, und nimmt nichts, außer von sich selbst. Die Liebe besitzt nicht und lässt sich nicht besitzen, weil die Liebe der Liebe genügt. *Prophet*

*Liebe ist ein Wort des Lichtes,
geschrieben von einer Hand des Lichtes
auf eine Seite des Lichtes.* Sammlung

Im Einklang sein

Wahre Schönheit besteht in jenem spirituellen Einklang,
den wir Liebe heißen, wie er leise tönt in der Schwin-
gung, die zwischen Mann und Frau vibriert. *Flügel*

Der göttliche Bund

Die Ehe ist die Vereinigung zweier göttlicher Funken,
auf dass ein dritter auf Erden geboren werde. Sie ist die
Vereinigung zweier Seelen in mächtiger Liebe, auf dass
das Getrenntsein vergehe. Die Ehe ist jene höhere Form
der Vereinigung, die zwei getrennte Einheiten eins
werden lässt, in einem Geist. Sie gleicht dem goldenen
Glied in einer Kette, die mit einem Blick ihren Anfang
nahm und deren Ende die Ewigkeit ist. Sie ist wie der
reine Regen, der von einem makellosen Himmel fällt,
um das Feld der göttlichen Natur zu befruchten und
zu segnen. *Ideen*

Was die Vernunft nicht ahnt

Denke nicht, dass du die Liebe bestimmen kannst, weil
die Liebe – wenn sie dich würdig schätzt – dich bestimmen wird. *Prophet*

Aus Liebe

Die Bedürfnisse der Menschen verändern sich, aber nicht ihre Liebe und der Wunsch, dass diese Liebe alle ihre Bedürfnisse stillen möge. *Prophet*

Derjenige ist blind, der dir aus seiner Tasche gibt, was er aus deinem Herzen nehmen kann. *Sammlung*

Umfassend

Liebende umarmen das, was zwischen ihnen liegt, eher als einander. *Sand*

Durchbruch

Meine Schmerzen fanden keinen Ausweg aus der Welt der Erkenntnis bis zu dem Tag, an dem die Liebe die Schleuse meines Herzens öffnete und seine Träume erleuchtete. *Sammlung*

Eigenständig

Ihr könnt euren Kindern eure Liebe geben, aber nicht eure Gedanken, weil sie ihre eigenen Gedanken haben. Ihr könnt versuchen, wie sie zu sein, aber versucht nicht, sie euch anzugleichen. *Prophet*

Würde der Trauer

Es singt das Leid der Liebe, die Trauer des Wissens
spricht, die Schwermut des Verlangens flüstert, und der
Schmerz der Armut weint. Und doch gibt es eine Trauer, die tiefer ist als Liebe, erhabener als Wissen, stärker
als das Verlangen und bitterer als die Armut. Sprachlos
ist sie und stumm, doch ihre Augen glitzern wie die
Sterne. *Worte*

Gottes Geschenk

Die Kraft zu lieben ist Gottes größtes Geschenk an den
Menschen, denn niemals wird es dem Gesegneten, der
liebt, genommen werden. *Ideen*

Heil werden

Die Flammen des liebenden Herzens verzweigen sich
wie die Äste einer Zeder. Wenn der Lebensbaum einen
Ast verliert, wird er wohl leiden, doch deswegen nicht
sterben. Er wird aber alle seine Lebenskraft einem be-
nachbarten Ast einhauchen, der groß werden wird, um
den leeren Platz einzunehmen. *Flügel*

*Liebe, die nicht immer wieder
neu entsteht, stirbt ständig.* *Sand*

Was mich leitet

In der Jugend wird mir die Liebe eine Lehre sein, die mich anleitet, recht zu handeln. Als Erwachsener wird sie mir eine Hilfe sein. Und in meinem Alter wird sie mein Glück sein. Die Liebe wird mich bis ans Ende meines Lebens begleiten. *Flügel*

Die Liebe kennt keine andere Sehnsucht, als sich zu vollenden. Sammlung

Gottes Ehre

Der Himmel will nicht, dass der Mensch unglücklich ist, denn er hat in seinem Innersten das Streben nach Glück verankert. Wahrlich, Gottes Ehre gründet sich auf das Glück des Menschen. *Geister*

Das Paradies auf Erden

Es ist Pflicht des Menschen, glücklich zu sein auf dieser Erde und die Pfade zum Glück zu lehren da, wo er Menschen begegnet. Derjenige, der das Himmelreich in diesem Leben nicht entdeckt, wird es auch im kommenden Leben nicht erfahren. *Geister*

Wo das Glück wohnt

Sag ihnen, dass das Glück im Allerheiligsten der Seele beginnt und nicht von außen kommt! *Eine Träne und ein Lächeln*

Was uns antreibt

Die Bedeutung eines Menschen liegt nicht in dem, was er erreicht, sondern vielmehr in dem, was er sich zu erreichen sehnt. *Sand*

Gut eingerichtet

Sagt mir, was habt ihr in euren Häusern? Und was verwahrt ihr hinter verschlossenen Türen? Habt ihr den Frieden und den stillen Drang, der eure Macht offenbart? Habt ihr Erinnerungen, die wie schimmernde Bogen die Gipfel des Geistes umspannen? Habt ihr die Schönheit, die das Herz zum heiligen Berg führt, weg von den Dingen, die aus Holz und Stein gestaltet sind? Sagt mir, habt ihr das in euren Häusern? Oder habt ihr nur Bequemlichkeit und das Verlangen nach Bequemlichkeit, diese heimliche Haltung, die das Haus als Gast betritt, dann Gastgeber wird und am Ende Herr ist?
Prophet

Behaglich und träge

Die Bequemlichkeit hat Hände aus Seide, aber ihr Herz ist aus Eisen. Sie lullt euch in den Schlaf und steht an eurem Bett, nur um die Würde des Fleisches zu verhöhnen. Sie verspottet eure gesunden Sinne und legt sie in Distelwolle, als wären sie zerbrechliche Gefäße. Wahrlich, das Verlangen nach Bequemlichkeit mordet die Leidenschaft der Seele und spaziert dann grinsend im Leichenzug. *Prophet*

Gier

Ein Fuchs betrachtete bei Sonnenaufgang seinen Schatten und sprach: »Heute Mittag will ich ein Kamel verschlingen.« Den ganzen Morgen suchte er nach Kamelen. Am Mittag betrachtete er wiederum seinen Schatten und sprach: »Eine Maus wird auch genügen.« *Narr*

Verlangen wonach?

Wir sind Sklaven der Gewinnsucht. Sie aber sind Meister der Zufriedenheit. Wir trinken Bitterkeit, Verzweiflung, Furcht und Müdigkeit aus dem Kelch des Lebens. Sie aber schlürfen reinen Nektar in der Gunst Gottes. *Sammlung*

Das höchste Gut

Denke daran, dass Göttlichkeit das wahre Selbst des Menschen ist. Man kann es weder für Gold verkaufen noch kann man es anhäufen wie die Reichtümer der Welt. *Ideen*

Boshaft

Wie niederträchtig bin ich, wenn mir das Leben Gold gibt und ich dir Silber gebe und mich dabei für großzügig halte. *Sand*

Verkehrte Welt

Sie halten mich für verrückt, weil ich meine Tage nicht für Gold verkaufen will. Und ich halte sie für verrückt, weil sie glauben, meine Tage hätten einen Preis. *Sand*

Niemals werde ich das Lachen
meines Herzens gegen das Glück
der Menge tauschen. Sammlung

Maßvoll
Sinn für Humor ist Sinn für ein Maß. *Sand*

Ewiges Entzücken
Das Glück verlangt nicht nach Zufriedenheit; als eine irdische Hoffnung erfüllen sich seine Begierden in der Umarmung mit Gegenständen. Die Zufriedenheit kann dagegen allein mit dem Herzen gefühlt werden. Die ewige Seele ist niemals zufrieden, sie sucht für immer Begeisterung. *Träne*

Das Glück verlangt nicht
nach Zufriedenheit.

Einen Vogel haben
Dein Lebensglück gleicht einem schönen Vogel, den du liebst. Du fütterst ihn mit den Körnern deines Herzens und tränkst ihn mit dem Licht deiner Augen. Aus deinen Rippen baust du ihm einen Käfig, und dein Herz ist sein Nest. *Geister*

Ertrag

Als ich meinen Schmerz auf den Acker der Geduld pflanzte, brachte er die Frucht des Glücks hervor. *Worte*

Höhere Ziele

Der Mensch ist nur glücklich in seinem Streben nach den Gipfeln. Und hat er sein Ziel erreicht, ist er ernüchtert und strebt nach anderen, noch ferneren Reizen. *Sammlung*

Der Mensch strebt danach, das Leben außerhalb seiner selbst zu finden, und begreift nicht, dass das Gesuchte in ihm selber liegt. Ideen

Ohne Grenzen

Es gibt keine Grenze zwischen euch und den nächsten Dingen und keine Entfernung zwischen euch und dem, was weit weg liegt. Und alles, vom Niedrigsten bis zum Höchsten, vom Kleinsten bis zum Größten, besitzt den gleichen Rang in euch. In einem einzigen Atom finden sich alle Elemente der Erde, in einer Regung des Verstandes der Lauf aller Lebensgesetze. Ein Tropfen Wasser trägt die Geheimnisse des unendlichen Ozeans in sich, und in einem Teil von euch findet Ihr alle Bestandteile des Seins. *Flöte*

Als ich einen Tautropfen betrachtete, entdeckte ich das Geheimnis des Meeres. *Worte*

Das Herz des Lebens

Ich sage dies alles, damit ihr nicht nur durch die Vernunft versteht, sondern vielmehr durch den Geist. Denn die Vernunft misst und wägt ab, aber der Geist berührt das Herz des Lebens und umarmt das Geheimnis. Die Saat des Geistes stirbt nicht.

Der Wind kann stürmen und sich dann ausruhen. Das Meer kann toben und dann müde werden. Das Herz des Lebens aber ist eine Sphäre der Ruhe und der Gelassenheit und Heiterkeit. Dort glänzt ein Stern seit Jahrhunderten und für Jahrhunderte. *Sammlung*

VI

Sprich zu uns von den
SORGEN

Selbstsüchtig

Das Leben ist älter als alles, das lebt; wie auch das Schöne strahlte, ehe die Schönheit auf Erden geboren ward, und wie auch das Wahre Wahrheit war, ehe es ausgesprochen.

Oft finden wir das Leben bitter, doch nur, wenn wir selbst von Bitterkeit umhüllt sind. Und wir halten es für leer und unergiebig, doch nur, wenn die Seele zu öden Orten zieht und das Herz berauscht ist von sich selbst. *Garten*

Wandlung

Leben und alles, was lebt, wird im Nebel und nicht im Kristall gezeugt. Und wer weiß, vielleicht ist ein Kristall nur Nebel im Zerfall. *Prophet*

Die Not wenden

Was ist die Angst vor der Not anderes als die Not selbst? Und ist die Angst vor dem Durst, wenn dein Brunnen voll ist, der Durst, der unstillbar ist? *Prophet*

Verinnerlicht

Wenn es eine Sorge ist, die ihr abwerfen wollt, dann vergesst nicht, dass ihr diese Sorge gewählt habt; sie wurde euch nicht aufgedrängt. Und wenn ihr eine Angst loswerden wollt, denkt daran, dass die Angst in eurem Herzen ist und nicht in der Hand, die ihr fürchtet. *Prophet*

Was ist die Angst vor der Not anderes als die Not selbst?

Stärker, als man denkt

Euch ist gesagt worden, dass ihr, gleich einer Kette, so stark seid wie das schwächste Glied. Dies ist nur die halbe Wahrheit. Ihr seid auch so stark wie das stärkste Glied. Euch nach der kleinsten Tat zu messen ist, die Stärke des Meeres nach der Zerbrechlichkeit seines Schaumes zu beurteilen. Euch nach euren Versagen zu richten hieße, den Jahreszeiten Unbeständigkeit vorzuwerfen. *Prophet*

Aufbruch

Euer Schmerz kommt vom Aufbrechen der Schale, die euer Verstehen umschließt. So wie der Stein einer Frucht aufbrechen muss, damit sein Herz in der Sonne sein kann, so müsst ihr Schmerz erleben. *Prophet*

Im Zwiespalt

Wie oft beklagte ich meine Sorgen, während mein Herz sich ihrer rühmte, und wie oft weinte ich, während mein Mund lachte. *Erde*

79

Beides zusammen sind eines

Die Traurigkeiten meines Herzens möchte ich um nichts in der Welt eintauschen gegen die Freuden der Masse. Und ich möchte nicht, dass die Tränen, die mir die Traurigkeit immer wieder entlockt, allesamt zu Lachen würden. Mir ist es lieber, wenn mein Leben weiter beides enthält: Tränen und Lächeln. *Träne*

Sowohl als auch

Ich wünsche mir, dass es in meinem Leben immer Tränen und Lächeln gibt: Tränen, die mein Herz läutern und mir helfen, die Geheimnisse und Ungereimtheiten des Lebens besser zu verstehen, und Lächeln, das mich mit anderen Menschen verbindet und Gott dankt. *Träne*

Reinigung des Herzens

Das Leid ist der Schatten eines Gottes, der in bösen Herzen keine Wohnstätte hat. Wer einmal von seinen eigenen Tränen durchdrungen und gereinigt wurde, wird rein sein für immer. *Geheimnisse*

Du magst denjenigen vergessen, mit dem du gelacht, aber nie denjenigen, mit dem du geweint hast. Sand

*Hinter dem Schleier einer jeden Nacht
wartet ein lächelndes Morgenrot.*

Freude und Leid

Wenn ihr voller Freude seid, seht tief in euer Herz und
ihr werdet entdecken, dass nur, was euch vorher trau-
ern ließ, euch jetzt Freude gibt. Wenn ihr betrübt seid,
seht wieder in euer Herz und ihr werdet entdecken,
dass ihr in Wirklichkeit über das weint, was euch früher
Freude machte. *Prophet*

Ende der Dunkelheit

Im Herzen eines jeden Winters ist ein zitternder Frühling verborgen. Hinter dem Schleier einer jeden Nacht
wartet ein lächelndes Morgenrot. *Sammlung*

Verwandlung der Sorgen

Im Herbst sammelte ich alle meine Sorgen und vergrub
sie in meinem Garten. Und als der April wiederkehrte
und der Frühling kam, die Erde zu heiraten, da wuchsen
in meinem Garten schöne Blumen, nicht zu vergleichen
mit allen anderen Blumen. Und meine Nachbarn kamen,
um sie anzuschauen, und sie sagten zu mir: »Willst uns,
wenn der Herbst wiederkommt, zur Saatzeit, nicht auch
Samen dieser Blumen geben, damit wir sie in unseren
Gärten haben?« *Sand*

Was das Herz erkennt

Suchst du im Unglück Mitgefühl bei deinem Nachbarn, so schenkst du ihm einen Teil deines Herzens. Ist dein Nachbar gütig, wird er es dir danken; ist er aber hartherzig, weist er dich ab. *Worte*

Zuversicht

Gleiche nicht jenem, der am Kamin sitzt und wartet, bis das Feuer ausgeht, und dann umsonst in die erkaltete Asche bläst. Gib die Hoffnung nicht auf, und verzweifle nicht wegen vergangener Dinge: Unwiederbringliches zu beweinen gehört zu den ärgsten Schwächen des Menschen. *Ideen*

Wiederkehr des Lichtes

Wenn euch Dunkelheit umhüllt, sagt: »Die Dunkelheit ist eine Morgendämmerung, die darauf wartet, geboren zu werden; und selbst wenn die Qualen der Nacht auf mir lasten, der Morgen wird geboren sein, in mir wie auf den Hügeln.« *Garten*

Die Sonne lehrt allem, was wächst, das Streben nach dem Licht. Aber die Nacht erhebt alles zu den Sternen. *Sammlung*

Dem Licht zugewandt

Steh auf, mein Herz, und singe, denn wer den Morgen nicht mit einem Lied begrüßt, ist und bleibt ein Kind der Dunkelheit. *Flöte*

Du siehst nur deinen Schatten, wenn du deinen Rücken zur Sonne drehst. Sand

Der einzige Weg

Nur auf dem Pfad der Nacht erreicht man die Morgen-röte. *Sand*

VII

Sprich zu uns von

FREUNDSCHAFT
UND MITGEFÜHL

Unerkannt

Wie oft wünschte ich mir einen Freund, während er an meiner Seite war, wie oft erstrebte ich etwas, während es sich schon in meinem Besitz befand. *Erde*

Die Freundschaft soll keinen anderen Sinn haben als nur die Vertiefung des Geistes. *Prophet*

Töricht

Sich mit einem Unwissenden in Freundschaft zu verbinden ist so sinnlos wie mit einem Trunksüchtigen zu diskutieren. *Sammlung*

Verstehen

Wenn dein Freund seine Meinung frei äußert, fürchtest du weder das »Nein« deines Sinnes, noch hältst du dein »Ja« zurück. Auch wenn er schweigt, hörst du nicht auf, auf sein Herz zu achten. *Prophet*

Ohne Vorbehalt

Wenn du deinen Freund nicht bedingungslos verstehst, wirst du ihn niemals verstehen. *Sand*

Zu allen Zeiten

Gib dein bestes für deinen Freund. Wenn er deine Ebbe kennenlernt, lass ihn auch deine Flut erleben. *Prophet*

Fürsorge

Dein Freund ist die Antwort auf deine Not. Er ist das Feld, das du mit Liebe besäst und mit Danksagung erntest. Du kommst zu ihm mit Hunger, und du suchst ihn für deinen Frieden. *Prophet*

Zur rechten Zeit

Suche den Freund auf, um Stunden des Lebendigseins mit ihm zu erleben. Er kann deine Not, nicht aber deine Leere beantworten. *Prophet*

Wie kann man nah sein,
wenn man nicht Abstand hält? *Prophet*

Ungesagtes

Die Wirklichkeit eines anderen Menschen liegt nicht darin, was er dir offenbart, sondern in dem, was er dir nicht offenbaren kann.

Wenn du ihn daher verstehen willst, höre nicht auf das, was er sagt, sondern vielmehr auf das, was er verschweigt.

Sand

Mit einer Stimme

Mein Freund, du und ich werden Fremde für das Leben bleiben, füreinander und jeder für sich selbst, bis zu dem Tag, an dem du reden wirst und ich hören werde, deine Stimme für meine eigene haltend; und wenn ich vor dir stehen werde in der Meinung, ich selbst stünde vor einem Spiegel. *Sand*

Die Narbe bleibt

Wenn wir einen Freund verlieren, stärkt und tröstet es, wenn wir den verbleibenden Freunden begegnen. Wenn man sein Vermögen verliert, denkt man eine gewisse Zeit daran. Dann vergisst man es, wohl wissend, dass die Anstrengungen, die uns den Reichtum eingebracht haben, noch helfen werden. Aber wer eine Liebe verliert, wohin soll er gehen, um den Frieden des Herzens zu suchen? *Sammlung*

Sich im anderen finden

Dein Nächster ist dein anderes Du-Selbst, das hinter einer Mauer wohnt. Durch das Verständnis werden alle Mauern einstürzen. Wer weiß, ob dein Nächster nicht dein besseres Wesen ist, das sich mit einem anderen Körper bekleidet? Liebe es, wie du dich selbst lieben würdest. *Sammlung*

Es gibt die, die mit Freude geben, und die Freude selbst ist ihre Belohnung.

Du schmähst dich selbst

Wenn der andere Mensch über dich lacht, kannst du ihn bedauern; aber wenn du über ihn lachst, solltest du dir niemals selbst vergeben.

Wenn dich der andere Mensch kränkt, magst du das Unrecht vergessen; aber wenn du ihn kränkst, wirst du dich immer erinnern.

In Wirklichkeit ist der andere Mensch dein empfindliches Selbst in einem anderen Körper. *Sand*

Handzeichen

Es ist in der Tat bedauerlich, wenn ich eine leere Hand den Menschen entgegenstrecke und nichts empfange; aber es ist hoffnungslos, wenn ich eine volle Hand ausstrecke und niemanden finde, der nimmt. *Sand*

Belohnung

Es gibt die, die mit Freude geben, und die Freude selbst ist ihre Belohnung. Und dann gibt es die, die mit Schmerzen geben, und der Schmerz ist ihre Taufe. *Prophet*

Herzblind

Seltsam, dass du Mitleid mit denen hast, die mit erloschenen Augen sehen, und nicht mit denen, deren Herz blind ist. *Sammlung*

Nach Möglichkeit

Diejenigen, die dir eine Schlange geben, wenn du um einen Fisch bittest, haben vielleicht nur Schlangen, um sie dir zu geben. Ihrerseits ist es dann Großzügigkeit. *Prophet*

Achtsam geben

Der Nehmende ist nicht achtsam, es ist der Gebende, der sich in Acht nehmen muss, dass er in brüderlicher Liebe und freundschaftlicher Hilfe gibt und nicht zum eigenen Wohlgefallen. *Abgründe*

Das Mitleid ist nur amputierte Gerechtigkeit. *Sammlung*

Die Verbindung

Das, was du in die Hand legst, die dein Mitleid erregt, ist die einzige goldene Kette, die das, was du Menschliches hast, ans Herz des Göttlichen bindet. *Sammlung*

Demut
Du schuldest demjenigen, der dir dient, mehr als Gold.
Schenke ihm dein Herz oder diene ihm. *Sand*

In Wahrheit bist du keinem Menschen
etwas schuldig. Du schuldest allen
Menschen alles. *Sand*

VIII

Sprich zu uns von der
RELIGION

Gottes allererster Gedanke war
ein Engel. Gottes allererstes Wort
ein Mensch. *Sand*

Sinn

Ist nicht der Glaube der Sinn des Herzens, so wie das
Sehen der Sinn des Auges ist? *Sammlung*

Gottsucher

So wie warme Luft die Höhen sucht und das Wasser
das Meer, so sucht die Seele Gott. Der Wunsch und die
Kraft zu suchen sind Eigenschaften der Seele. Die Seele verliert ihren Weg niemals. Und alle Seelen verlangen
danach, in Gott zu sein. *Mary*

Aus dem Inneren

Das Leben vollzieht sich nicht an der Oberfläche, sondern im Verborgenen. Es kommt nicht auf die äußere
Schale der Dinge an, sondern auf ihren inneren Kern,
und die Menschen erkennt man nicht an ihren Gesichtern, sondern an ihren Herzen.
Religion beschränkt sich nicht auf das, was ihre Tempel
ausstellen und ihre Riten und Traditionen verkünden,
sondern darauf, was sich in den Seelen verbirgt und welche Vorsätze in die Tat umgesetzt werden. *Erde*

In diesem Zeichen

Jesus kam nicht aus der blauen Abenddämmerung, um das Leid zum Symbol des Lebens zu machen, vielmehr kam er, um aus dem Leben ein Symbol der Wahrheit und der Freiheit zu machen. *Stürme*

Schwestern und Brüder

Wie können Kinder Gottes es hinnehmen, Sklaven der Menschen zu sein? Hat Jesus euch nicht Brüder genannt? Hat Jesus euch nicht befreit durch den Geist und die Wahrheit? *Geister*

> *Gott hat in die Seele eines jeden Menschen einen Propheten gesandt, der ihn zum Licht führt.*

Der innere Kompass

Gott hat in die Seele eines jeden Menschen einen Propheten gesandt, der ihn zum Licht führt. Doch es gibt Menschen, die das Leben außerhalb von sich selber suchen, während das Leben in ihrem Inneren ist. Aber sie wissen das nicht. *Erde*

Die Gabe

Wenn Gott der Erde die Kraft schenkte, eine scheinbar tote Saat in ihrem Inneren zum Leben keimen zu lassen, warum sollte er dem Menschenherzen nicht die Kraft verleihen, Leben in ein anderes Herz zu hauchen, das scheinbar tot ist? *Geliebter*

Kinder eines Glaubens

Ich liebe dich, mein Bruder, wer immer du auch seiest – ob du in einer Kirche betest, in einem Tempel kniest oder in einer Moschee Gott verehrst. Du und ich, wir sind beide Kinder eines Glaubens. Die mannigfaltigen Pfade der Religion entsprechen den Fingern der einen liebenden Hand des einen höchsten Wesens. Diese Hand streckt sich nach allen aus, bietet allen die Vollendung des Geistes an und ist begierig, alle zu umschließen. *Ideen*

Viele Wege

Gott hat mehrere Tore geschaffen, die zur Ewigkeit führen. Er öffnet sie all denen, die mit der Hand des Glaubens daran klopfen. *Sammlung*

Eigene Bilder

Die Idee von Gott ist in jedem Menschen anders, und es wird niemandem gelingen, seine Religion einem anderen zu vermitteln. *Geliebter*

Allumfassend

Es gibt keinen Gott außer Allah ... Es gibt nichts außer Allah. Du kannst diese Worte sprechen und Christ bleiben, denn ein guter Gott weiß nichts von Barrieren zwischen Worten und Namen; gäbe es einen Gott, der seinen Segen denjenigen verweigerte, die ihn auf einem andern Weg zur Ewigkeit suchen, so gäbe es niemanden, der ihm dienen würde. *Schatz*

Anerkennung

Das Verdienst eines Menschen liegt in seiner Erkenntnis und in seinen Handlungen, nicht aber in der Farbe seiner Haut oder seines Glaubens. *Sammlung*

Gott hat mehrere Tore geschaffen, die zur Ewigkeit führen.

In uns und durch uns

Meine Freunde, es wäre weiser, weniger von Gott zu reden, den wir nicht verstehen, und mehr voneinander, die wir uns verstehen können. Doch sollt ihr euch stets bewusst sein, dass wir der Atem und der Wohlgeruch Gottes sind. Wir sind Gott im Blatt, in der Blume und oft auch in der Frucht. *Rückkehr*

Geborgen

Die Tautropfen, die sich ins Herz der Lilie betten, unterscheiden sich nicht von euch, die ihr eure Seelen im Herzen Gottes versammelt. *Sammlung*

Euer tägliches Leben ist euer Tempel und eure Religion. Prophet

Ein tieferer Grund

Heute verbrennen wir den Weihrauch vor uns selber und bringen uns Opfer dar, denn der größte und mächtigste aller Götter hat seinen Tempel in unseren Herzen errichtet. *Stürme*

Ruhepunkt

Der Glaube ist eine Oase im Herzen, die von den Karawanen der Gedanken nie erreicht werden wird. *Sammlung*

All

Wir sind in Gottes Händen. Du bist eine Sonne in seiner rechten Hand und ich eine Erde in seiner linken Hand. Und doch bist du, die du scheinst, nicht bedeutender als ich, der ich beschienen werde. Und wir, Sonne und Erde, sind nur Geburten einer noch größeren Sonne und einer noch größeren Erde. Und immer werden wir der Beginn sein. *Vorbote*

Alles in allem

Die gesamte Schöpfung existiert in dir, und alles,
was in dir ist, existiert auch in der Schöpfung. *Ideen*

> Der Same, den die reife Dattel
> in ihrem Herzen birgt, umfasst das
> Geheimnis der ganzen Palme vom
> Anbeginn der Schöpfung. *Ideen*

Verlangen

Jedes Samenkorn ist reines Streben. *Sammlung*

99

IX

Sprich zu uns von der

WEISHEIT

Die Frage

Nur einmal machte man mich sprachlos. Es war, als mich jemand fragte: »Wer bist du?« *Sammlung*

> *Sich verwirrt zu fühlen*
> *ist der Anfang wahren Wissens.* *Ideen*

Die nächste Dimension

Wenn du das Ende von dem erreichst, was du wissen solltest, stehst du am Anfang dessen, was du fühlen solltest. *Sand*

> *Ziel dieses Lebens ist das Streben*
> *nach höherem Sein.* *Sammlung*

Tun

Geringes Wissen, das tatkräftig angewendet wird, ist unendlich viel mehr wert als großes Wissen, das brachliegt. *Sammlung*

Einschätzung

Der Verständige schreibt mir Verständnis zu und der Begriffsstutzige Dummheit. Ich denke, beide haben Recht. *Sand*

Erleuchtung

Gott hat dich mit Verstand und Wissen gesegnet. Lösche
die Lampe der göttlichen Gnade nicht aus, ersticke
nicht die Flamme der Weisheit in der Dunkelheit von
Lust und Irrtum. Ein weiser Mann bringt eine Fackel,
um den Weg der Menschheit zu erhellen. *Wanderer*

Prinzip

Ja, das geistige Erwachen ist das wichtigste Ereignis im
Menschen; es ist sogar das Ziel meines Lebens. Aber ist
nicht auch die Zivilisation mit allem, was sie enthält,
ein Weg zum geistigen Erwachen? Wie ließe sich das
leugnen? Zwar mag unsere gegenwärtige Zivilisation eine
vorübergehende Erscheinungsform sein, doch das ewige
Gesetz macht aus diesen vorübergehenden Manifesta-
tionen eine Leiter, deren Sprossen uns zum absoluten
Wesen führen. *Stürme*

Alles ist eitel

Zur Zeit der Ebbe schrieb ich Worte in den Sand.
Ich legte mein Herz und meine ganze Seele hinein.
Zur Zeit der Flut kehrte ich zurück, um das Geschrie-
bene zu lesen.
Nur meine Unwissenheit fand ich im Sand. *Worte*

Größer, als wir denken

Wir begnügen uns immer noch damit, die Muscheln zu untersuchen, als ob sie alles wären, was vom Meer des Lebens an die Küste von Tag und Nacht gespült wird. *Worte*

Missachtung

Ich sah, wie der Mensch die Weisheit anrief, ihn zu erlösen. Aber die Weisheit erhörte nicht sein Schreien, denn er hatte ihr die kalte Schulter gezeigt, als sie ihn auf den Straßen der Stadt anzusprechen versuchte. *Stimme*

Was dem Menschen Wert verleiht, sind seine Herzensweisheit und sein Tun.

Vorspiegelung

Erlerne die Worte der Weisheit, die Weise dir schenken, und wende sie auf dein Leben an. Lebe sie – aber fange nicht an, mit ihnen aufzutreten und sie vorzutragen. Wer nämlich wiederholt, was er nicht versteht und tut, ist wie ein Esel, der eine Ladung Bücher trägt. *Stimme*

Würde

Was dem Menschen Wert verleiht, sind seine Herzensweisheit und sein Tun, nicht seine Hautfarbe, sein Glaube, seine Rasse oder Herkunft. Verfügt der Sohn eines einfachen Hirten über Herzensweisheit, so ist er wertvoller für ein Volk als ein Thronerbe, dem es an Einsicht mangelt. Mehr als jeder Stammbaum und Geburtsnachweis ist es die Weisheit deines Herzens, die zeigt, dass du von edler Abkunft bist. *Stimme*

Stetig Suchender

Haltet mich von dem fern, der sagt: »Ich bin das Licht, das den Menschen ihren Weg weist«; doch führt mich zu dem, der seinen Weg durch das Licht der Menschen hindurch sucht. *Worte*

Das Samenkorn

Kein Mensch kann euch irgendetwas enthüllen, außer dem, was schon in der Morgendämmerung eures Bewusstseins schlummert. Denn die Vision des einen Menschen leiht einem anderen Menschen nicht ihre Flügel. *Sammlung*

Die ewige Glut

Weise sind zu euch gekommen, um euch von ihrer Weisheit zu geben. Ich aber will von eurer Weisheit nehmen: Und seht, ich habe etwas gefunden, das größer ist als die Weisheit. Es ist ein Flammengeist in euch, der immer mehr von sich sammelt, während ihr, seine Ausbreitung nicht achtend, das Verdorren eurer Tage bejammert. Es ist das Leben auf der Suche nach Leben, in Körpern, die das Grab fürchten. *Prophet*

Wer auf die Wahrheit hört, ist nicht weniger edel als der, der sie sagt. Sammlung

Angemessen

Wenn es darum geht, das Böse zu bekämpfen, ist Maßlosigkeit gut. Denn wer sich mäßigt, wenn er die Wahrheit verkünden soll, spricht nur die halbe Wahrheit. Er verbirgt die andere Hälfte aus Furcht vor dem Zorn der Menge. *Ideen*

Durchblick

Viele Lehren sind wie eine Fensterscheibe. Durch sie sehen wir die Wahrheit, aber sie trennt uns von der Wirklichkeit. *Sand*

Mitten im Leben

Mit einer Weisheit, die keine Tränen kennt, mit einer Philosophie, die nicht zu lachen versteht, und einer Größe, die sich nicht vor Kindern verneigt, will ich nichts zu tun haben. *Ideen*

Sehnsucht und Erfüllung

Sicherlich gibt es kein größeres Geschenk für einen Menschen als das, was alle seine Ziele in ausgetrocknete Lippen und das ganze Leben in eine Quelle verwandelt.

Prophet

Zu vordergründig

Wenn jemand stolpert, sagen wir, dass er gefallen ist. Wenn er zögert, behaupten wir, dass er ratlos ist. Stottert er, so halten wir ihn für stumm, und seufzt er, dann meinen wir, dass er im Sterben liegt. Ihr und ich – wir lassen uns beeindrucken von den Schalen des Ich, von seiner äußeren Gestalt. Wir dringen nicht vor zu den Freuden, die der Geist vermittelt, da wir von Hochmut umgeben sind und die Wahrheit, die in uns ist, nicht zur Kenntnis nehmen. *Erde*

Nicht zu vereinnehmen

Sagt nicht: »Ich habe die Wahrheit gefunden«, sondern sagt: »Ich habe eine Wahrheit gefunden.« Sagt nicht: »Ich habe den Weg für meine Seele gefunden«, sondern sagt lieber: »Ich bin der Seele auf meinem Pfad begegnet.« Die Seele geht auf allen Pfaden. Die Seele geht nicht auf einer Linie und wächst nicht wie ein Rohr. Die Seele entfaltet sich, wie die unzähligen Blütenblätter einer Lotusblume. *Prophet*

Hintergrund

Die Wahrheit aber gleicht den Sternen: Sie erscheint nur auf dem dunklen Hintergrund der Nacht. Die Wahrheit ist wie alle schönen und guten Dinge in dieser Welt: Ihre Wirkungen enthüllen sich nur dem, der die Unbarmherzigkeit der Falschheit und Verstellung gespürt hat. Die Wahrheit ist das verborgene Gefühl, das uns lehrt, uns zu erfreuen und die Freude mit allen Menschen zu teilen. *Geister*

Wir Menschen lassen uns durch die äußeren Erscheinungsformen blenden.

Bewusstwerdung

Unter den Nichtigkeiten des Lebens gibt es nur ein Ding, das strahlend schön ist und ohnegleichen. [...] Es ist das Erwachen im Geiste; es ist das Erwachen im Innersten des Herzens; es ist eine überwältigende und großartige Kraft, die plötzlich in das Bewusstsein des Menschen dringt und ihm die Augen öffnet, so dass er das Leben inmitten einer Symphonie herrlichster Musik wahrnimmt. Es ist von einem hellen Lichterkranz umgeben, und der Mensch steht wie eine Säule der Schönheit zwischen der Erde und dem Firmament. Es ist eine Flamme, die plötzlich inmitten des Geistes auflodert, das Herz versengt und dadurch reinigt, sich über die Erde erhebt und in die unendlichen Weiten des Himmels entschwebt. Es ist eine Gesinnung, die das Innerste des Einzelnen umhüllt, so dass er imstande ist, jeder Widersprüchlichkeit entgegenzutreten und sich gegen diejenigen aufzulehnen, die sich weigern, seine tatsächliche Bedeutung zu verstehen. *Flöte*

Ewiges Sein

Das Sein des Seienden ist ein Hinweis auf seine Ewigkeit. Und dieser Gedanke – in ihm verbirgt sich das gesamte Wissen, denn wenn er nicht existierte, so wäre das Wissen der Welt nicht existent –, er ist ein himmlisches, ewiges, unendliches Wesen. *Irm dat al-Imad*

Dem Anschein nach

Wir Menschen, ihr ebenso wie ich, lassen uns durch die äußeren Erscheinungsformen blenden und sind blind für das Wesentliche und das Wahrhaftige, das verborgen ist. *Erde*

Strohkopf

Einst sagte ich zu einer Vogelscheuche: »Du stehst immer hier auf dem Feld. Du musst es müde sein.«

Sie antwortete mir: »Verscheuchen bringt tiefe und dauernde Freude, und ich ermüde nie.«

Darauf sagte ich, nachdem ich's kurz bedacht: »So ist es, einst kannte ich diese Freude auch.«

Sie erwiderte: »Nur wer mit Stroh gefüllt ist, kann sie kennen.«

Da verließ ich sie. Ich wusste nicht, ob sie mir geschmeichelt oder mich verspottet hatte.

Ein Jahr verging. Währenddessen wurde die Vogelscheuche weise. Als ich wieder dort vorüberkam, nisteten Krähen unter ihrem Hut. *Narr*

Das Eigentliche

Man sagt mir: »Ein Vogel in der Hand ist so viel wert wie zehn im Busch«. Aber ich sage: »Ein Vogel und eine Feder im Busch ist mehr wert als zehn Vögel in der Hand.« Dein Suchen nach dieser Feder ist das Leben auf beschwingten Füßen; nein, es ist das Leben selbst. *Sand*

*Nur wenn ich alle Menschen suche,
werde ich mich selbst kennen.«* Sand

Entdecker

O Land des Denkens, Wiege unserer Väter, die das Wahre verehrten und die Schönheit anbeteten!
Wir suchten dich nicht mit Hilfe von Fahrzeugen, an Bord eines Schiffes oder auf dem Rücken des Reittiers. Du liegst weder im Osten noch im Westen, weder auf der nördlichen noch auf der südlichen Halbkugel. Dich finden wir weder in der Luft noch in den Tiefen des Meeres, nicht in der Weite der Wüste und nicht auf zerklüftetem Gelände. Du bist Licht und Feuer in unseren Geistern, du bist in meiner Brust mein zitterndes Herz.
Wanderer

Schatz

Eine Perle ist ein Tempel, mit Schmerz um ein Sandkorn erbaut. Welches Verlangen bildete unser Körper, und um welche Körner? *Sand*

Universal

Ich habe erfahren, dass der Ort, an dem ich bin, jeden anderen einbezieht, und der Punkt, den ich auf einer Strecke einnehme, zugleich die ganze Strecke ist. *Erde*

Forscher

Zwischen eurem Wissen und Verstehen liegt ein geheimer Pfad, den ihr entdecken müsst, ehe ihr eins werdet mit den Menschen, und daher mit euch selbst. *Garten*

Schlussfolgerung

Man sagte mir: »Solltest du dich selbst kennen, würdest du alle Menschen kennen.« Und ich sagte: »Nur wenn ich alle Menschen suche, werde ich mich selbst kennen.« *Sand*

Das Wesen der Weisheit gründet in der Selbsterkenntnis. *Worte*

In Demut

Ich kenne die absolute Wahrheit nicht. Ich bin demütig angesichts meiner Unwissenheit. Darin bestehen meine Ehre und mein Lohn. *Sammlung*

Der Stern

Ich sage euch all dies, damit ihr nicht nur mit dem Verstande, sondern mit eurem Geist versteht. Der Verstand wägt und misst, aber der Geist ist es, der das Herz des Lebens erreicht und sein Geheimnis in sich aufnimmt. Und die Saat des Geistes ist unsterblich.

Der Wind mag sich erheben und wieder legen, die See mag ansteigen und abebben, doch das Herz des Lebens ist ein beständiger, heiterer Bereich. Der Stern, der darin aufstrahlt, wird für alle Zeiten leuchten und in Ewigkeit nicht untergehen. *Jesus*

Ewiger Trost

Die Blume, die über den Wolken wächst, wird niemals verblühen. Und das Lied, welches die Morgenröte singt, wird nie verklingen. *Worte*

Eine Frage der Demut

An einem Strand trafen sich einst zwei Männer. Der eine erzählte: »Bei Ebbe habe ich mit einem Stock einige Worte in den Sand geschrieben. Die Leute, die vorbeikamen, sammelten sich um die Worte, um sie zu lesen, und alle gaben Acht, dass die Worte nicht ausgelöscht wurden.«

Darauf erzählte der andere Mann: »Auch ich habe einige Worte in den Sand geritzt, doch geschah dies bei Flut, und so haben die Wellen sie hinweggetragen. Doch sage mir, welche Worte du geschrieben hast.«

Und der erste antwortet. »Ich schrieb: Ich bin, der ich bin. – Und was hast du geschrieben?«

Der andere Mann antwortete: »Ich bin nur ein Tropfen im unendlichen Ozean.« *Sammlung*

Die Vollkommenheit

Du willst wissen, Bruder, wann der Mensch vollkommen ist. Hör auf meine Antwort!

Der Mensch nähert sich der Vollkommenheit, wenn er sich als der unbegrenzte Weltraum begreift und als das grenzenlose Meer, als ein Feuer, das unaufhörlich brennt, und als ein Licht, das immer leuchtet. Wenn er sich fühlt wie der Wind, ob er weht oder nicht, wie die Wolken, wenn es blitzt, donnert und regnet, wie die Bäche, mögen sie singen oder seufzen, wie die Bäume, wenn sie im Frühling in Blüte stehen oder sich im Herbst entblättern, wie die himmelragenden Berge und die tiefen Täler und wie die Äcker, ob sie fruchtbar sind oder brachliegen.

Wenn ein Mensch all dies zu empfinden imstande ist, ist er auf halbem Weg zur Vollkommenheit. Will er aber zum Ziel der Vollkommenheit gelangen, so muss er sich gleich einem Kind fühlen, das auf seine Mutter angewiesen ist, gleich einem Greis, der für seine Familie die Verantwortung trägt, gleich einem Jugendlichen, der zwischen seinem Streben und seinen Leidenschaften schwankt, und gleich einem Erwachsenen, der mit seiner Vergangenheit und seiner Zukunft ringt. Er muss einem Betenden gleichen in seiner Einsiedelei, einem Verbrecher in seiner Zelle, einem Gelehrten zwischen seinen Büchern und Papieren, einem Unwissenden zwischen der Finsternis seiner Nächte und dem Dunkel seiner Tage, einer Nonne muss er gleichen zwischen den Blüten ihres Glaubens und den Dornen ihrer Einsamkeit, einer Dirne zwischen ihrer Schwäche und ihrem Begehren, einem Armen in seiner Bitterkeit und Ergebung sowie einem Reichen in seinen Wünschen und seinem Gehorsam und schließlich dem Dichter zwischen dem Nebel seiner Abende und den Strahlen seiner Morgenröte.

Wenn ein Mensch all diese Seinsweisen nachzuempfinden vermag, erreicht er die Vollkommenheit und wird ein Schatten vom Schatten Gottes. *Erde*

In jedem Anfang

Nur wenn ihr vom Fluss des Schweigens trinkt, werdet ihr tatsächlich singen. Wenn ihr die Bergspitze erreicht habt, dann erst beginnt der Aufstieg. Erst wenn die Erde Anspruch auf eure Glieder erhebt, werdet ihr wahrhaft tanzen. *Prophet*

Endlich frei

Du weißt jetzt, dass es in diesem Leben einen Sinn gibt, den nicht einmal der Tod vereiteln kann. Doch dieses Wissen erfasst man erst nach der Befreiung aus den Schlingen der Materie. *Träne*

Ihr seid Weg und Wanderer. *Prophet*

X

Sprich zu uns von der
ZEIT

Entscheidung

In unseren Tagen bewohnen zwei Menschen die Erde:
der Mensch der Vergangenheit und der Mensch der
Zukunft. Welcher von beiden bist du? *Sammlung*

Das Morgen wird im Schoß
von gestern empfangen. *Sammlung*

Nutzlos

Dann erschien die Kunst des Wahrsagens auf der Erde,
und das war der erste Beruf des Menschen, für den es
wirklich keinerlei Notwendigkeit gab. *Sammlung*

Träge

Ihr wollt euer Verhalten und sogar den Lauf eures
Geistes auf die Stunden und Jahreszeiten abstimmen.
Ihr wollt aus der Zeit einen Fluss machen, an dessen
Ufer ihr sitzen könnt, um ihm beim Fließen zuzusehen.
Der Prophet

Das Ganze

Wenn ihr in eurem Denken die Zeit in Jahreszeiten
einteilen müsst, dann lasst jede Jahreszeit alle anderen
mit einschließen, und lasst das Heute die Vergangenheit mit Erinnerung und die Zukunft mit Sehnsucht
umarmen. *Der Prophet*

Nur zur Orientierung

Das Zeitlose in euch ist sich der Zeitlosigkeit des Lebens bewusst und weiß, dass »gestern« nur die Erinnerung von heute ist, und dass »morgen« nur der Traum von heute ist. *Der Prophet*

Wandlungen

Wie eigenartig ist die Zeit, und wie seltsam sind doch wir! Die Zeiten haben sich geändert, und siehe, auch uns hat sie zu anderen werden lassen. Sie setzte einen Schritt voran, entschleierte ihr Antlitz – erschreckte uns und schenkte uns dann freudige Erregung.

Gedanken und Meditationen

Immanent

Bevor meine Seele zu mir sprach, galt mir die Vergangenheit als eine Epoche, die niemals wiederkehrt, und die Zukunft als ein Abschnitt der Zeit, der nie erreicht werden kann. Nun aber weiß ich, dass ein Augenblick in der Gegenwart alle Zeit in sich trägt, und er birgt all jenes, was erhofft, getan und verwirklicht werden kann. *Flöte*

In einem Augenblick

Meine Seele ermahnte und lehrte mich, die Zeit nicht einzuteilen und zu sagen: Das war gestern, das wird morgen sein. Bevor meine Seele mich dies lehrte, stellte ich mir die Vergangenheit als eine Zeit vor, die nicht wiederkehrt, und die Zukunft als eine Zeit, die in unerreichbarer Ferne liegt. Doch jetzt habe ich erfahren,

dass in einem Augenblick der Gegenwart die ganze Zeit
enthalten ist mit allem, was sie in sich birgt an Wünschen
und Erwartungen, an Verwirklichtem und Vollendetem.

Erde und Seele

Falsch gepolt

Wenn sie sich zu Tisch gesetzt haben, essen manche von
euch sehr schnell, aber wenn sie gehen, kommen sie
nur langsam voran. Es wäre besser, sie äßen mit ihren
Füßen und gingen auf ihren Händen. *Sammlung*

Achtsamkeit

Schildkröten können mehr über die Straßen erzählen
als Hasen. *Sand*

Wir leihen oft von unserer Zukunft,
um die Schulden unserer
Vergangenheit zu zahlen. *Sand*

Das Gesetz

Von dir, Erde, habe ich gelernt, dass das Gesetz des Menschen dein Gesetz ist. Ich habe gelernt, dass der, der
seine trockenen Äste nicht durch sein eigenes Unwetter
zerbricht, aus Nachlässigkeit sterben wird. Und dass
der, der nicht aufbegehrt, um sich seiner welken Blätter
zu entledigen, durch Faulheit zugrunde gehen wird.

Sammlung

Jahreszeiten des Lebens

Sind die Jahreszeiten nicht wie dein Denken, das sich entwickelt und verändert?
Ist der Frühling nicht wie ein Erwachen im Herzen und schenkt dir der Sommer nicht seine Fülle?
Singt dir der Herbst nicht ein Wiegenlied für die Formungen deiner Kindheit?
Und gleicht der Winter nicht einem Schlaf, in dem die anderen Jahreszeiten träumen? *Sammlung*

Was jetzt geschieht

Nimm eine Handvoll guter Erde. Vielleicht findest du ein Samenkorn darin oder eine Raupe. Wäre deine Hand nun groß und geduldig genug, würde der Same ein Wald werden und die Raupe eine Schar geflügelter Wesen. Doch vergiss nicht, dass die Jahre, die aus den Samen Wälder bilden und aus den Raupen geflügelte Wesen, Teile von diesem Heute sind. *Garten*

Im Werdegang

Mit Erinnerung umfasst die Gegenwart die Vergangenheit; mit Sehnsucht zeugt das Heute das Morgen. *Sammlung*

Das Ende mit dem Anfang verbinden

Die Liebe verbindet unsere Gegenwart mit den Wurzeln unserer Vergangenheit und mit dem Dom unserer Zukunft. *Sammlung*

Neues wagen

Nur die Vergangenheit zu verbessern ist noch kein Fortschritt; wahrer Fortschritt heißt, sich mutig in Richtung Zukunft zu bewegen. *Ideen*

Immerwährend

Worte sind zeitlos. Du solltest sie aussprechen oder niederschreiben mit dem Wissen um ihre Zeitlosigkeit. *Sand*

Wahrer Fortschritt heißt, sich mutig in Richtung Zukunft zu bewegen.

Das letzte Geheimnis

Wenn du alle Geheimnisse des Lebens gelöst hast, sehnst du dich nach dem Tod, denn er ist nur ein anderes Geheimnis des Lebens. Geburt und Tod sind die beiden edelsten Ausdrücke für Tapferkeit. *Sand*

Sinnbilder

Vielleicht ist die Perle für das Meer die Beschreibung einer Muschel. Vielleicht ist der Diamant für die Zeit die Beschreibung von Kohle. *Sand*

Überlebende

Auch wenn einst die Pyramiden Ägyptens dem Erdboden gleichgemacht sein werden und die Wolkenkratzer New Yorks nicht mehr stehen: Schmetterlinge werden weiterhin über die Felder schweben, und Tautropfen werden auf dem Grase glänzen. *Spirituelle Worte*

Ewiges Leben

Wahrlich, wer nicht aus dem Unendlichen kommt, wird nicht in die Unendlichkeit zurückkehren!

Eine Träne und ein Lächeln

Das Sein

Immer wandere ich auf diesen Stränden, zwischen Sand und Schaum. Die Flut wird meine Fußstapfen auslöschen und der Wind den Schaum fortblasen.
Aber das Meer und der Strand werden übrig bleiben.
Ewig. *Sand*

Quellenverzeichnis

Wir danken den nachstehend genannten Verlagen und Rechtsnach-
folgern für die freundlichen Abdruckgenehmigungen. Trotz in-
tensiver Bemühungen war es dem Verlag leider nicht in allen Fällen
möglich, den jeweiligen Rechtsinhaber ausfindig zu machen. Für
Hinweise sind wir dankbar. Rechtsansprüche bleiben gewahrt.

Khalil Gibran, *Abgründe des Herzens,* aus: Ursula und S. Yussuf
Assaf (Hg.), Khalil Gibran, Sämtliche Werke, © Patmos Verlag der
Schwabenverlag AG, Ostfildern 2003, www.verlagsgruppe-patmos.de
(= Abgründe)

Khalil Gibran, *Erde und Seele,* aus: Ursula und S. Yussuf Assaf (Hg.),
Khalil Gibran, Sämtliche Werke, © Patmos Verlag der Schwabenverlag AG, Ostfildern 2003, www.verlagsgruppe-patmos.de *(= Erde)*

Khalil Gibran, *Gib mir die Flöte und lass mich singen.* Deutsche Übersetzung von Hans Christian Meiser, © 1992, Heyne Verlag, München,
in der Verlagsgruppe Random House GmbH. *(= Flöte)*

Khalil Gibran, *Gebrochene Flügel,* aus: Ursula und S. Yussuf Assaf (Hg.),
Khalil Gibran, Sämtliche Werke, © Patmos Verlag der Schwabenverlag AG, Ostfildern 2003, www.verlagsgruppe-patmos.de *(= Flügel)*

Khalil Gibran, *Im Garten des Propheten.* Aus dem Englischen von
Hans Meiser, © 1986, Goldmann Verlag, München, in der Verlagsgruppe Random House GmbH. *(= Garten/ Rückkehr)*

Khalil Gibran, *Thoughts and Meditations* (1960). Aus dem Arabischen
© Anthony R. Ferris; dt. *Gedanken und Meditationen,* aus dem Englischen © Brigitte Veith. *(= Gedanken)*

Khalil Gibran, *Geheimnisse des Herzens,* aus: Ursula und S. Yussuf
Assaf (Hg.), Khalil Gibran, Sämtliche Werke, © Patmos Verlag der
Schwabenverlag AG, Ostfildern 2003, www.verlagsgruppe-patmos.de
(= Geheimnisse)

Khalil Gibran, *Rebellische Geister,* aus: Ursula und S. Yussuf Assaf (Hg.), Khalil Gibran, Sämtliche Werke, © Patmos Verlag der Schwabenverlag AG, Ostfildern 2003, www.verlagsgruppe-patmos.de *(= Geister)*

Khalil Gibran, *Die Götter der Erde,* aus: Ursula und S. Yussuf Assaf (Hg.), Khalil Gibran, Sämtliche Werke, © Patmos Verlag der Schwabenverlag AG, Ostfildern 2003, www.verlagsgruppe-patmos.de *(= Götter)*

Khalil Gibran, *Das Reich der Ideen,* aus: Ursula und S. Yussuf Assaf (Hg.), Khalil Gibran, Sämtliche Werke, © Patmos Verlag der Schwabenverlag AG, Ostfildern 2003, www.verlagsgruppe-patmos.de *(= Ideen)*

Khalil Gibran, *Jesus Menschensohn,* aus: Ursula und S. Yussuf Assaf (Hg.), Khalil Gibran, Sämtliche Werke, © Patmos Verlag der Schwabenverlag AG, Ostfildern 2003, www.verlagsgruppe-patmos.de *(= Jesus)*

Khalil Gibran, *Die Musik,* aus: Ursula und S. Yussuf Assaf (Hg.), Khalil Gibran, Sämtliche Werke, © Patmos Verlag der Schwabenverlag AG, Ostfildern 2003, www.verlagsgruppe-patmos.de *(= Musik)*

Khalil Gibran, *Der Narr,* aus: Ursula und S. Yussuf Assaf (Hg.), Khalil Gibran, Sämtliche Werke, © Patmos Verlag der Schwabenverlag AG, Ostfildern 2003, www.verlagsgruppe-patmos.de *(= Narr)*

Khalil Gibran, *Der Prophet.* Aus dem Englischen von Ulrich Schaffer, © Verlag Herder, Freiburg im Breisgau 2011. *(= Prophet)*

Khalil Gibran, *Im Garten des Propheten.* Aus dem Englischen von Hans Meiser, © 1986, Goldmann Verlag, München, in der Verlagsgruppe Random House GmbH. *(= Rückkehr/ Garten)*

Khalil Gibran, *Sand und Schaum,* aus: Ursula und S. Yussuf Assaf (Hg.), Khalil Gibran, Sämtliche Werke, © Patmos Verlag der Schwabenverlag AG, Ostfildern 2003, www.verlagsgruppe-patmos.de *(= Sand)*

Khalil Gibran, *The Voice of the Master* (1958). Aus dem Arabischen von Anthony R. Ferris, © by Anthony R. Ferris; dt. *Die Stimme des Meisters,* aus dem Englischen von Brigitte Veith, © Brigitte Veith. *(= Stimme)*

Khalil Gibran, *Die Stürme,* aus: Ursula und S. Yussuf Assaf (Hg.), Khalil Gibran, Sämtliche Werke, © Patmos Verlag der Schwabenverlag AG, Ostfildern 2003, www.verlagsgruppe-patmos.de *(= Stürme)*

Khalil Gibran, *Eine Träne und ein Lächeln,* aus: Ursula und S. Yussuf Assaf (Hg.), Khalil Gibran, Sämtliche Werke, © Patmos Verlag der Schwabenverlag AG, Ostfildern 2003, www.verlagsgruppe-patmos.de *(= Träne)*

Khalil Gibran, *Der Vorbote,* aus: Ursula und S. Yussuf Assaf (Hg.), Khalil Gibran, Sämtliche Werke, © Patmos Verlag der Schwabenverlag AG, Ostfildern 2003, www.verlagsgruppe-patmos.de *(= Vorbote)*

Khalil Gibran, *Der Wanderer.* Mit sieben Zeichnungen des Autors, © 2003, Goldmann Verlag, München, in der Verlagsgruppe Random House GmbH. *(= Wanderer)*

Spiritual Sayings of Khalil Gibran (1962). Aus dem Arabischen von Anthony R. Ferris, © by Anthony R. Ferris; dt. *Spirituelle Worte.* Aus dem Englischen von Brigitte Veith, © Brigitte Veith. *(= Worte)*

Es war nicht in allen Fällen möglich, englischsprachige Zitate den Originalquellen zuzuordnen. Sie wurden als »Sammlung« vermerkt.

Im Verlag Herder sind erschienen:

ISBN 978-3-451-30632-7

ISBN 978-3-451-30631-0

ISBN 978-3-451-30634-1

ISBN 978-3-451-30633-4